开放存取：
高校图书馆现状与发展研究

王宁 余侠◎著

北京师范大学出版集团
BEIJING NORMAL UNIVERSITY PUBLISHING GROUP
安徽大学出版社

图书在版编目(CIP)数据

开放存取:高校图书馆现状与发展研究/王宁,余侠著.
—合肥:安徽大学出版社,2012.9
ISBN 978-7-5664-0583-8

Ⅰ.①开… Ⅱ.①王… ②余… Ⅲ.①院校图书馆—图书馆工作—研究 Ⅳ.①G258.6

中国版本图书馆 CIP 数据核字(2012)第 209674 号

开放存取:高校图书馆现状与发展研究　　王宁　余侠　著

出版发行:	北京师范大学出版集团 安徽大学出版社 (安徽省合肥市肥西路3号 邮编230039) www.bnupg.com.cn www.ahupress.com.cn
印　刷:	中国科学技术大学印刷厂
经　销:	全国新华书店
开　本:	170mm×240mm
印　张:	13
字　数:	210千字
版　次:	2012年9月第1版
印　次:	2012年9月第1次印刷
定　价:	29.00元

ISBN 978-7-5664-0583-8

责任编辑:徐 建	装帧设计:李 军	责任印制:赵明炎

版权所有　侵权必究

反盗版、侵权举报电话:0551—5106311
外埠邮购电话:0551—5107716
本书如有印装质量问题,请与印制管理部联系调换。
印制管理部电话:0551—5106311

序

王宁、余侠同志的专著《开放存取：高校图书馆现状与发展研究》是在其教育部人文社会科学研究项目"国际比较视野下的高校图书馆社会服务动力机制研究"的成果基础上撰写与补充完成的，是对"开放存取"这一新的学术信息交流模式进行的积极探索和创新性研究。

该书篇章布局合理，观点鲜明，数据翔实，论述深入，既有深刻的理论分析，又有大量的实证研究，具有创新性、科学性、系统性和实用性，有较高的的理论价值和实际的指导意义。相信该书的出版不仅对我省开放存取的理论研究，而且对我省开放存取的实践将有很大的促进作用。

本书的主要特色体现在：

第一，本书在我省图书馆学界首次对"开放存取模式"进行了全面系统的研究，理论价值高。

开放存取运动最先在国外兴起，虽然只有十来年历史，但对我国图书馆界来说，它还是个新生事物。因此，图书馆工作人员有必要对开放存取运动的历史及现状进行全面认真的了解和研究，尤其应当结合中国的国情，深入细致地分析研究开放存取在我国的最佳运行模式，以及需要解决的主要问题。只有这样才能推动我国图书馆事业的整体发展。

目前我省高校图书馆的现状是：理论上研究开放存取的相关文献不多，研究也不够全面、系统、深入；许多高校图书馆对开放存取的认识和利用还不够深入和广泛，有的图书馆在这方面还是空白。因此，此书的出版有一定的理论参考价值。

第二，本书结合我国高校图书馆的具体情况，为开放存取运动在我省的推广和应用提出了具体可行的建议，应用价值较大。主要体现在开放存取有利于高校图书馆的文献资源共享、开放存取使高校图书馆的信息资源范围扩大、开放存取促进高校图书馆的服务和技术升级、开放存取丰富了图书馆具有本馆特色的可检索资源,以及开放存取将使中国期刊网发展更加完善,形成中国开放存取期刊等观点之中。

目前,开放存取运动在世界各国蓬勃发展,开放存取资源越来越丰富。有数据表明,每年约有15%的学术成果可以在互联网上开放存取,开放存取资源已经成为当代图书馆数字化资源不可或缺的有效补充。然而,我国图书馆对开放资源的宣传力度比较低,据国内学者调查,在高校中至少有70%的读者没有听说过开放存取资源的概念,92%的读者没有利用过开放资源,且大多数科研人员对我国自创的开放存取资源项目也了解甚少。因此,此书的出版对我国开放存取运动的发展具有一定的现实指导意义。

第三,该书大量采用实例研究方法,分析透彻,阐述精辟。

作者在研究和撰写本书期间,查询、阅读了大量相关外文研究成果,并对高校图书馆开放存取资源相关网站进行了持续的追踪调查,因此,比较全面地掌握和了解国内外开放存取的理论研究和实践情况。

本书研究目标明确,研究思路清晰,研究方法科学合理,推论严谨,研究结论和观点准确,且不乏一家之言。书中对国外开放存取相关研究的综述,详尽具体,是我国图书馆界了解国际上开放存取研究与发展现状的不可多得的资料。

2012 年 7 月 18 日于合肥

---

* 吴昌合,安徽大学管理学院教授,图书馆学、情报学硕士生导师。曾任安徽大学图书情报学系、信息管理系副主任,现任院教授委员会副主任,教育部图书馆学学科教学指导委员会委员、中国图书馆学会学术研究委员会委员、安徽省图书馆学会常务理事、学术委员会主任,《图书馆工作》副主编,《大学图书情报学刊》编委,安徽大学图书馆学硕士点负责人。主要研究方向:信息组织与检索。

目 录

序 ………………………………………………………… 吴昌合

前 言 …………………………………………………………………… 1

第1章 开放存取概述 …………………………………………… 1

1.1 开放存取的译名 ………………………………………… 1
1.2 开放存取的相关定义及解释 …………………………… 5
1.3 开放存取的含义分析 …………………………………… 12
1.4 开放存取模式的特征 …………………………………… 13
1.5 开放存取文献的分类和特点 …………………………… 19

第2章 开放存取的产生背景和原因 …………………………… 21

2.1 开放存取的产生背景 …………………………………… 21
2.2 开放存取兴起和发展的背景分析 ……………………… 27
2.3 开放存取产生的原因 …………………………………… 36

第3章 开放存取的产生过程和发展阶段 ……………………… 38

3.1 早期的开放存取 ………………………………………… 38
3.2 开放存取的产生过程 …………………………………… 40
3.3 开放存取的发展阶段 …………………………………… 44

第4章 开放存取资源概况 ……………………………………… 50

4.1 开放存取资源的实现途径 ……………………………… 50
4.2 开放存取资源的类型 …………………………………… 55

4.3 开放存取期刊(Open Access Journals,OAJ) ……………… 56
  4.4 开放存取仓储(Open Access Repositories,OAR) ………… 81
  4.5 开放存取的其他实现方式 …………………………………… 105

第5章 开放存取的影响因素及相关问题分析 ………………… 107
  5.1 开放存取的主要优势 ………………………………………… 107
  5.2 开放存取的主要障碍 ………………………………………… 109
  5.3 开放存取的相关问题分析
      ——从非技术性因素分析(国内外) …………………………… 111
  5.4 开放存取的相关问题分析
      ——从技术性因素分析(国内外) …………………………… 119
  5.5 我国发展开放存取面临的主要问题及对策 ………………… 125

第6章 开放存取资源的获取策略及长期保存 ………………… 138
  6.1 开放存取资源的获取策略 …………………………………… 138
  6.2 开放存取资源长期保存 ……………………………………… 146

第7章 开放存取对高校图书馆的影响 ………………………… 152
  7.1 开放存取对高校图书馆的意义 ……………………………… 152
  7.2 开放存取给高校图书馆带来的挑战 ………………………… 156
  7.3 开放存取对高校图书馆角色定位的影响 …………………… 161
  7.4 开放存取对高校图书馆机构功能的影响 …………………… 162
  7.5 开放存取对高校图书馆信息资源建设的影响 ……………… 163
  7.6 开放存取对高校图书馆服务的影响 ………………………… 164
  7.7 开放存取对高校数字图书馆技术的影响 …………………… 166

第8章 开放存取运动的发展现状和趋势 ……………………… 170
  8.1 国内外开放存取运动的发展现状及分析 …………………… 170
  8.2 我国高校图书馆开放存取运动的发展现状及趋势 ………… 179

参考文献 …………………………………………………………… 190

后 记 ……………………………………………………………… 199

前 言

一

开放存取(Open Access,简称 OA)是基于网络环境的新型学术信息交流理念和信息资源共享模式,是国际学术界、出版界、图书情报界为了推动科研成果利用互联网自由传播而开展的运动。任何人可以在任何地点、任何时间不受经济状况的影响平等免费地获取和使用学术成果。其目的是为打破商业出版者对学术信息的垄断和暴利经营,促进科学及人文信息的广泛交流,促进利用互联网进行科学交流与出版,提升科学研究的公共利用程度、保障科学信息的长期保存,提高科学研究的效率。开放存取可以实现全球范围内学术信息被广泛而迅速的获取,改变不同地区、不同国家获取信息的不平等性,对世界各国有效地利用人类的科技文化遗产和科技成果具有重要的意义。

二

开放存取运动一经产生,在国际上引起了科研机构、科研资助机构、出版界、图书馆界乃至政府决策者越来越多的关注,并积极寻求发展策略。开放存取在不同国家、地区的发展进度并不一样。目前,美国、英国、欧盟等发达国家的开放存取运动发展迅速,英、美一些发达国家的政府和科研机构积极倡导将由公共资金支持的科研项目的成果加入开放存取计划,以供全社会共享和免费利用,甚至还制定了一些相应的政策来加以保护。现在国外很多图书馆已积极参与到开放存取活动中;在国内,开放存取一经推出,立刻得到了学术界、出版界、图书情报界的大力支持。《图书情报工作》和《数字图书馆论坛》等刊物还开辟专栏探讨开放存取问题。

总之,"开放存取"给图书馆带来了新的理念。但与国外开放存取的蓬勃发展相比,我国在开放存取方面取得的进展并不明显,只有有限的几个开放存取知识库,开放存取期刊数量也不多。图书馆界如何深入发展开放存取,如何改变传统的服务方式以适应新形势下的发展,还有待我们去深入探讨和实践。

三

作为高校办学的三大支柱之一,承担为教学和科研提供信息服务任务的高校图书馆,也积极参与了开放存取运动,努力将开放存取这一模式变成为扩充图书馆虚拟馆藏资源的有效方式。开放存取运动正在我国高校图书馆呈现快速发展的趋势。

理论是指导实践的基础,对开放存取理论的分析和研究,不仅有利于对我国高校图书馆开展开放存取运动提供理论上的依据和指导,而且更有利于尽快构建起一个适合我国国情的开放存取组织和管理框架,为国家相关政策的出台提供理论上的支持。从实践意义上讲,开放存取极大地推动了图书馆界的发展观,为高校图书馆改进工作方式提供了具体的参考依据,同时也给高校图书馆开放获取信息资源带来了新的希望与机遇。

尤其重要的是,开放存取运动将对图书馆的角色定位、技术实现路径与管理问题、质量控制问题、运行费用问题、信息资源建设问题,以及图书馆的传统观念、服务方式和图书馆员素质产生深远的影响,所以图书馆界应该率先开展开放存取运动,力争做开放存取运动的宣传者、推广者和实践者。

开放存取代表着未来信息交流的发展方向,作为新生事物,它的发展将会受到诸如社会认同问题、知识产权问题、科研成果提交政策问题、运行费用问题、质量控制问题、法律支持问题、国家许可问题和运作模式问题等的影响。我国开放存取发展过程中遇到的问题,有的是与世界其他国家相同,也有的是我国特有的问题。这些问题如何解决,需要图书馆界的有识之士共同探讨、群策群力;在实践中不断思考、探索、大胆创新,寻求一种适合中国国情的最佳运行模式。希望通过本书的研究和探讨,能为高校图书馆的"开放存取之路"指明方向,引导高校图书馆的开放存取运动快速、高效、健康地向前发展。

四

本书的宗旨是用丰富的理论知识来指导开放存取的新实践!

本书的特色是:理论阐述全面细致;图表展示清晰明了;数据搜集翔实准确;实例举证真实完整。

本书在介绍开放存取基本概念、产生原因及发展阶段的基础上,详细介绍了开放存取的两种重要实现途径——开放存取期刊、开放存取仓储,也介绍了开放存取资源的其他获取途径及服务平台情况;分析了开放存取的影响因素及相关问题,提出了开放存取资源的获取及长期保存的策略;重点论述了开放存取模式给高校图书馆的发展带来的具体影响;最后在分析我国开放存取运动的发展现状和未来趋势的基础上,结合我国高校图书馆的发展现状和特点,指出了目前高校图书馆利用开放存取资源存在的主要问题及今后需要改进的相关措施。

在课题研究和本书撰写过程中,笔者得到了吴昌合教授和徐建老师的悉心指导,他们对全书的撰写、修改、定稿进行了具体指导和严格把关。

笔者进行了大量数据和资料的收集、整理工作,在此,对所有支持、关心和帮助本课题研究和本书撰写的机构、专家表示衷心的感谢和诚挚的敬意！同时，本书参考了国内外大量的有关文献信息资源，特向其作者们表示衷心感谢！

书中的绝大部分由王宁撰写，第七章由余侠撰写。

本书经过三年的研究，终于问世了。由于本人能够获得的中外文资料、能够调研的应用实例比较有限，书中的某些观点、论据难免有疏漏、偏颇之处，本人诚恳地希望各位专家和同行给予斧正，以促使本人在今后的学习和实践中不断进步。

王 宁

2012年5月于合肥

第1章 开放存取概述

1.1 开放存取的译名

1.1.1 国外对 Open Access 译名的讨论

"开放存取"译自英文的"Open Access"。目前,国外有"开放存取"、"开放获取"、"开放共享"、"开放访问"、"开放使用"、"开放阅览"、"公共获取"等不同的提法;我国则有"开放存取"、"开放获取"、"公开获取"、"开放使用"等译法。

Open Access 一词最先出现在信息领域。1995 年,Keller 指出:所谓 Open Access,不仅指网络物理连接的建立,而且还意味着要保证这些连接易于使用、收费合理,并能提供一整套基本的信息资源;更为重要的是,网络的使用不应局限于信息的被动连接,相反,这一环境应是开放、分散和易于漫游的。即使是最为基本的连接,也应是用户既可以成为信源,又可以成为信宿。Lynch 对网络信息语境中的 Access 有更为直接的论述,即 Access 不仅是指通过网络与信息资源提供商相连,而且还是指人们成功地查找、检索和利用各种计算机系统中所含信息的能力。早期学者们对 Open Access 的理解强调的是信息获取的开放环境,虽然已经触及了 Open Access 的一些特点,但是没有对其形成机制进行分析和深入阐述,这与当时人们对 Open

Access 实践的局限性有关[1]。

20世纪90年代初,"开放存取"与"公共存取"(Public Access)、"免费在线学术"(FOS, Free Online Scholarship)等术语的语义是基本一致的,并且具有类似的实质内涵,即电子文献的免费获取。但是在2001年《布达佩斯开放存取倡议书》发布以后,"开放存取"逐渐取代其他术语而为学术界、图书馆界和出版界人士所广泛接受。

1.1.2 国内对 Open Access 译名的讨论

"开放存取"的概念是从国外引进的,在我国尚未有统一的译名,如"开放存取"、"开放访问"、"开放共享"、"开放获取"、"开放共用"、"开放式出版"、"公共存取"、"开放阅览",以及"公开获取"、"公开访问"、"开放取阅"、"公开取阅"、"公开存取"、"公开访问"、"开放取用"。

2000年,我国全国科学技术名词审定委员会制定的《科学技术名词审定的原则及方法》规定,科技术语定名要符合我国语言文字的特点和构词规律,要"遵从科学性、系统性、简明性、国际性和约定俗成的原则"。所谓科学性是指:科技术语的翻译首先要从科学概念出发,使术语译名与外语词汇所载信息完全吻合。对专门术语的翻译一般处理方法有:意译、直译、单意合译、形译、重译等。

我国有学者对"Access"的英文含义进行了分析,认为 Access 在英文中有存取、取数、(数据、信息)选取、(数据)选择、访问、检索、开架阅览等意思。因此,把 Open Access 译成"开放存取"、"开放访问"、"开放取用"、"开放获取"、"开放阅览"、"开架阅览"等都是恰当的。但是,在中文习惯里,"开架阅览"、"开放阅览"、"开放取阅"等主要是指对纸质出版物的取用,因此就 Open Access 的中文译名而言,在"开放存取"、"开放访问"、"开放获取"等术语中做出选择比较合适。其一,Open Access 文献不少是收费存取和出版的,如果使用"开放存取"会引发歧义,易误认为文献的存放也是免费和开放的。其二,

---

[1] 莫京.关于 Open Access 译名的建议.科学术语研究,2005(2):52—53.

Open Access的主体是文献资源,"开放访问"、"开放取用"隐含了"开放访问权的文献"、"开放取用权的文献"之意,在语义上较为通顺;而"开放获取"想用一个词组同时表达"文献免费开放、用户免费获取"的双重意思,较为勉强。另外,在语义上,"取用"一词隐含"取走"的意思,与数字形式的"Open Access"文献资源实体可长久保存、无限次使用的属性有悖。所以,应该把 Open Access 统一翻译为"开放访问"[1]。

另有学者对此持不同意见。认为,从"Open Access"术语的起源及其含义可以看出,"Open Access"译作"开放存取"要比其他译法更为贴切。这是因为"共享"、"阅览"等译法在词义上对 Access 反映不够准确;"获取"、"访问"、"存取"等译法则不能全面地表述 Open Access 的含义,即 Open Access 出版方式不仅包括用户可以自由获取的 OA 期刊,而且还包括作者自由存储的"开放存档"。此外,在图书馆学和情报科学领域,将 Access 一词译成"存取"已是共识;在计算机科学领域,Access 也译为"存取"。

Open Access 强调的是"权利的自由度"和"免除经济障碍",相比之下,"权利的自由度"的特征更加突出。因为,"权利的自由度"代表着一种新的理念,而非仅仅是出版模式的创新和对信息存取方式的变化,这种变化的直接效果就是对信息资源"存取权利"的扩展,而这种"扩展的存取权利"可以覆盖协议规定的所有信息利用方式。无论是"开放获取"、"开架阅览"、"开放存取",还是"开放存档"、"公开访问"等译名都不能全面、完整地体现 Open Access 的中心思想,作为 Open Access 的中文译名都不合适。把 Open Access 译作"开放存取"则可以较好地做到这一点。一方面"Open"代表了"权利的自由度",而"Access"则包含了"存"与"取",即"给"和"得"两个方面,体现了 Open Access 实现"信息共享"的最终目的。此外,把 Open Access 译作"开放存取"已被图书情报界、计算机科学界广泛接受,继续沿用可

---

[1] 马景娣.Open Access 中文译名探讨.图书馆杂志,2005(10).

以避免对其理解和使用上的不一致,这有利于Open Access的发展。本书认同大多数人的观点,采用"开放存取"的译名。

1.1.3　Open Access的译名特征分析

对Open Access译名的确定应从对其特征的分析入手。Open Access至少应具有如下特征:第一,Open Access提供学术交流平台,对具体交流信息有质量上的控制,而没有内容和形式方面的限制,可以是期刊论文、会议论文、图书,也可以是专利文献、研究报告;可以是文本文件,也可以是多媒体文件。第二,强调开放传播,要使同一文献能以多种途径被检索与阅览,交流范围覆盖整个互联网,各系统间具有良好的互操作性,以免费或收取少量费用方式减少获取障碍。第三,在对文献的使用权限方面,用户对学术文献的使用权利大大扩充,可以为教学、研究、学习等目的而公开复制、打印、利用、扩散、传递和演示。第四,在交流方式与交流效率方面,重视提高信源、信宿交流的直接性和交互性,可以实现作者、用户、编辑之间一对一、一对多、多对多的交互模式,重视提高学术交流的时效性,增强文献处理的自动化程度,缩短出版周期。

还有学者把Open Access的特征分成"基本特征"和"其他特征"两个方面,以此来界定Open Access的内涵。认为,基本特征是判断Open Access的必要条件,无论是从学术交流模式、出版模式,还是从学术资源的角度考察Open Access,其必须具备5个基本条件,[1]即:所有发表的成果通过网络免费、没有限制地获取;取消订购费用,其费用由其他经费来替代;获取的是文献全文;应是经同行评议的文献,以保证和维护Open Access的质量;作者将版权用于保证所有发表的论文合法地Open Access。在具备了上述基本特征后,每增加一个其他特征,Open Access的程度就深化一层,就更能体现Open Access的本质属性。

---

〔1〕　游春山.信息资源开放存取和图书馆工作,图书馆工作与研究,2006(4).

1.2 开放存取的相关定义及解释

1.2.1 开放存取所包含的理念

从根本上来说,"开放存取"首先是一种理念。开放存取源自一种新型的出版方式。传统学术期刊的出版,受到过多商业运作和时效性的限制,制约了学术信息的自由交流。伴随网络信息技术的进步,开放存取出版形式应运而生,其成本低廉、管理方便、时效性强,它一出现,即受到人们的高度关注。目前,开放存取模式已成为一种新型的学术信息交流机制。这一交流机制的产生,是在"自由、平等和开放"的理念指导下,以开放存取出版物为物质基础而产生的,是在现代信息技术和网络技术的支持下产生的必然的学术信息和知识的交流方式。

1.2.2 国外学者及国际组织对 Open Access 的定义

在开放存取运动的发展过程中有三个重要的文件[1]不得不提:2001年12月,在开放社会研究所(Open Society Institute,OSI)主持召开的布达佩斯会议上形成了关于开放存取的重要声明——《布达佩斯开放存取倡议书》(Budapest Open Access Initiative)(简称BOAI)。2003年4月11日,来自德国、英国和美国的24位科学家在美国马里兰州的贝塞斯达(Bethesda)召开会议,达成并起草了原则声明,以促进实现在生物医学领域提供原创科技文献开放访问的目标,随后于6月20日正式发表了《关于开放存取出版的贝塞斯达宣言》(Bethesda Statement on Open Access Publishing)(June 20,2003)。2003年10月22日,由德国马普学会发起,德国、法国、意大利等国的科研机构在德国柏林召开会议,旨在利用互联网整合全人类的科学

---

[1] IFLA. IFLA Statement on Open Access to Scholarly Literature and Research Documentation [EB/OL]. http//www.ifla.org/V/edoc open access 04.html.

与文化财产,为各国研究者和网络使用者提供一个免费的、更开放的科研环境。会议联合签署并发表了《关于科学与人文学科领域知识开放存取的柏林宣言》(Berlin Declaration on Open Access to Knowledge in the Sciences and Humanities)(October 22,2003)。宣言呼吁各国科研机构向网络使用者免费开放更多科学资源,以促进利用互联网进行的科学交流与出版。开放存取宣扬自由共享学术信息的理念,是学术信息交流的新模式,开放存取在一定程度上克服了传统学术期刊的出版模式对学术研究发展的种种限制,有利于科研人员及时、大范围地获取学术信息。

上述3个重要文献对开放存取本质的表述是一致的,即必须对读者免费,而且读者的权限应远远超过传统意义上的合理使用(Fair Use)。因此有学者将三者对开放存取的表述统称为"3B定义"(Budapest-Bethesda-Berlin,BBB definition)。但是具体来看,三者关于开放存取的看法也有微小的差别,如"贝塞斯达宣言"和"柏林宣言"都明确许可读者拥有作品的演绎权,而"布达佩斯倡议书"则未加规定。另外,是否允许将开放存取作品用于商业用途,则三个声明都未明确说明。

目前,国际上比较权威的"开放存取"定义有:

(1)《布达佩斯开放存取倡议书》的定义

2001年12月1日至2日,美国开放社会研究所(Open Society Institute,简称OSI)在匈牙利的布达佩斯召开了一个小型但十分活跃的旨在推进全世界各学科领域研究论文在因特网上免费传播进程的会议,这次会议的结果便是产生了《布达佩斯开放存取倡议书》(Budapest Open Access Initiative,简称BOAI)[1]。该倡议首次给出了开放存取的完整定义,并指出了"开放存取"的两种实现途径:自我存档和开放存取期刊。

BOAI给出的"开放存取"的完整定义是:"对于某文献,存在多种

---

[1] Budapest Open Access Initiative:What does BOAI mean by"open access"? [EB/OL]. http//www. earlham. edu/peters/fos/boaifaq. open access.

不同级别和种类的、范围更广、更容易操作的获取方法。对某文献的'开放存取'即意味着它在(Public Internet)公共领域里可以被免费或以少量费用获取,并允许任何用户阅读、下载、复制、传递、打印、搜索或超链接论文全文,也允许用户为之建立索引,用作软件的输入数据或其他任何合法用途,除非登录、使用互联网本身有障碍。用户在使用该文献时不受财力、法律或技术的限制,而只需在获取时保持文献的完整性,对其复制和传递的唯一限制,或者说版权的唯一作用,应是使作者有权控制其作品的完整性,及作品被正确接受和引用。"

(2)《贝塞斯达开放存取出版声明》的定义

2003年4月11日,美国马里兰州霍华德休斯医学研究所发布了《贝塞斯达开放存取式出版宣言》(Bethesda Statement on Open Access Publishing,通常简称为《贝塞斯达声明》)[1]。该宣言提出,开放存取出版物(Open Access Publication)必须满足两个条件:一是文献作者或著作权人授权世界范围内的所有用户可免费、无条件地获取他们的文献,允许用户为合理目的而以任何数字媒体形式公开地复制、利用、传播和演示这些文献,并创作和传播基于这些文献的新作品,用户可因个人使用的目的而打印出少量复本。二是作品的完整版本、所有附件和上述授权声明要以一种标准电子格式存储在至少一个网络数据库中,这些数据库由某些研究机构、学术团体、政府部门或其他知名组织采用适当的技术标准建立和维护,以确保作品的开放访问、自由传播、统一检索和长期保存。

(3)《柏林宣言》的定义

2003年10月,由德国马普学会(Max Planck Society, MPS)发起的包括德国、法国和意大利等多国科研机构在柏林签署了《关于科学和人文科学领域知识的开放存取柏林宣言》(Berlin Declaration on Open Access to Knowledge in the Sciences and Humanities),通常简

---

[1] Bethesda Statement on Open Access Publishing[EB/OL]. http://www.earlham.edu/peters/fos/bethesda.html.

称《柏林宣言》[1]。

《柏林宣言》对"开放存取"做出了与《贝塞斯达声明》相似的定义,指出开放存取必须满足两个方面的条件:①作者和版权所有人承诺:所有用户具有自由、一直、全球和永久使用其作品的权利,在承认作者身份的条件下,为了任何责任的目的,许可所有用户使用任何数字媒介形态,公开复制、使用、发行、传播和展示其作品,制作和发行其衍生作品,并允许所有用户打印少量份数以供个人使用。②完整版本的作品及其附属资料,包括上面提到的许可承诺,以适当的标准电子格式,在原始论文发表后,立即存储在至少一个以恰当的技术标准(比如 Open Archive 定义的标准)建立的在线数据库中。这个数据库是由研究所、学术团体、政府机构或其他组织支持的,而这些组织机构都力求使开放式访问、无限制的传播、互用性和长期存档成为可能。

以上三个文件尽管对 Open Access 在表述上存在出入,但是含义基本相同,统称为 Open Access 的"3B"定义(Budapest、Bethesda、Berlin),目前,该定义已被国际学术界普遍接受。目前,又有很多新定义,但是他们都或多或少引用了"3B"定义,这些定义都巩固了"3B"定义的权威性,并且沿用了原有定义的成果。

(4)国际图书馆协会联合会(IFLA)对开放存取的定义

国际图书馆协会联合会(IFLA)《关于对学术出版物和科研文献开放存取的声明》,采纳了《英国惠康信托基金会支持开放存取出版的立场声明》(Welcome Trust Position Statement in Support of Open Access Publishing)中关于"开放存取"的定义,认为符合下列两个条件者为开放存取出版物:其一,著者及著作所有权人授权所有的使用者,免费、永久、全球的存取权利,只要标注著者及著作所有权人的姓名,就同意使用者复制、使用、传播、表演、展示其作品,为了研究目的而以任何数字媒体改编和传播改编后的作品,制作少量复本供个人

---

[1] Gruss P. Berlin Declaration on Open Access to Knowledge in the Sciences and Humanitie[2003-10-23][EB/OL]. http:www.zim.mpg.de/open access-berlin/decla ration.pdf,2007-05-12.

使用。其二,作品出版后,应立即存储于至少一个由学术机构、学会组织、政府机关等单位支持的在线典藏(Online Repository)之中,且以标准的电子格式存储作品的全文,包括附件及前述的授权声明,以便无限制地开放存取、不受限制地传播、互操作和长期开放存档。

(5)美国研究图书馆协会的定义

2004年5月,美国研究图书馆协会(ARL)学术交流办公室发布的《形成开放存取问题的框架》指出,开放存取是指创作不期望直接得到经济利益的作品,并在公共因特网上不收取任何费用,提供给读者为教学与研究目的而使用的学术交流模式。

(6)《开放获取萨尔瓦多宣言》的定义(发展中国家的观点)

该宣言指出,开放获取意味着没有限制地获取和利用科技信息。在一个日益全球化的世界中,科学是没有国界的,对信息获取的任何排斥都是不可接受的。重要的是,信息获取应被视为普遍的权利,而与地区无关。

开放获取必须促进发展中国家积极参与全世界的科技信息交流,包括免费获取科技知识遗产,有效参与知识创造和传播过程,更多地支持与发展中国家直接相关的领域。

(7)《开放存取期刊名录》的定义

著名的《开放存取期刊名录》(Directory of Open Access Journals,DOAJ)认为开放存取期刊是指采取不向读者或其所在机构收取存取费用的出版模式的期刊。而且,该名录进一步指出,根据BOAI的定义,读者有对这些期刊论文的全文进行阅读、下载、复制、传递、打印、检索和链接的权利。

关于开放存取,还有许多其他观点。如有的学者认为,开放存取是指电子学术论文(Electronic Scholarly Articles)在使用端可免费获得(Available freely at the point of use)等。在此不再一一赘述[1]。

---

[1] Definitions:open access journal. http://www.doaj.org.doai.Func.load Templ&templ=about.

1.2.4 开放存取的相关解释

一般认为,开放存取模式消除了获取学术文献的两个障碍:一是收费、尤其是高收费引起的获取障碍,收费形式包括订阅费、授权使用费等;二是使用许可方面的障碍,比如不许复制、禁止创作派生作品等,大多源于著作权与授权方面的限制。PLoS早期关于开放存取"免费获取、无限制使用"的说法,简明扼要地抓住了其实质性内容。但是更加科学而严密的定义则是通过3个开放存取方面的著名倡议和声明确定下来的。

《贝塞斯达开放存取出版声明》对开放存取的概念作了进一步的限定和明确,提出开放存取出版物必须满足两个条件[1]:作者或版权所有者向世界范围内的所有用户授予以任意数字媒介免费复制、使用、散发、传播、公开演示其作品,以及制作和传播衍生作品的永久性的和不可撤销的权利及许可的权利。无论用户出于何种合法目的使用该作品,都应注明作者。此外,用户还可打印少量自用的副本。以符合特定标准的电子形式出现的完整作品及各种补充材料(包括上述授权声明),在首次出版以后应立即存入至少一个在线仓储,此类仓储应得到赞同开放存取、自由传播、协同工作和长期存档的学术机构、学会、政府部门或其他知名组织的支持(例如生物医学领域的PMC)。

综上所述,首先,这个定义发展了BOAI关于开放存取的思想。BOAI在论述开放存取的实现途径中曾经指出,研究人员只有以一种合乎开放档案倡议(OAI,Open Archives Initiative)标谁的方式来典藏论文,那么这些文章才能被搜索引擎找到,并成为开放存取知识共同体的一部分。《贝塞斯达开放存取出版声明》则明确地将符合某种标准作为认定开放存取对象的必要条件。这个定义还从长期保存的角度出发,要求开放存取出版物必须存储在至少一个由非营利性组

---

[1] DOAJ. Directory of Open Access Journals. http://www.doaj.org/articles/about criteria.

织支持的在线仓储中。正是在这个意义上,尽管美国斯坦福大学图书馆声誉卓著的 High Wire Press 出版社将 11 种期刊在出版后提供同步自由下载,将 109 种期刊出版一段时间后提供自由下载,但仍被质疑为不是真正的开放存取出版,因为这些文献没有提交第三者典藏。最后,这个定义指出只有作者或版权所有者预先将前述使用权授予所有用户,该出版物才能真正地被实现开放存取。这一关于开放存取的更加明确的定义也得到了广泛认可。开放存取的重要文献《柏林科学与人文知识开放存取宣言》和 IFLA 支持开放存取的声明都基本上沿用了它的说法。

  从上述定义人们不难总结出开放存取定义的主要特征:首先,关于开放存取的前提。就像美国开放社会研究所所指出的那样,电子出版或数字出版是开放存取的必要条件。在纸质印刷时代,也许已经萌芽了开放存取的思想,但是开放存取的实现则必须以数字出版和互联网的普及为前提。其次,关于开放存取的对象,正如 BOAI 提到而在 ARL 的"开放存取"定义中明确指出的那样,是不为获取稿酬和版税而创作的学术论文(Works that are created with no expectation of direct monetary return)。至于论文是否一定要是经"同行评审的文献",如同 Peter Suber 等研究者认为的那样,则是有疑问的。但是 BOAI 的说法具有指导意义:开放存取文献主要包括经同行评议的期刊文献,但也包含未经评议的印前论文。显然,也只有这样才能涵盖预印本仓储这样的开放存取实践活动。再次,关于开放存取的服务对象,它包括全世界范围内的任何人。最后,对于开放存取出版物,作者主要保留著作权中的部分权利,包括署名权和保持作品完整性的权利;至于使用权、修改权和演绎权等则在出版的同时无偿地授予全世界所有的合法用户,这一点也是出版物成为开放存取出版物的必要条件[1]。

---

[1] The Declaration of the Budapest Open Access Initiative,http://www.soros.org/openaccess/read.shtml.

1.3 开放存取的含义分析

(1)从上文的相关定义可知,开放存取的含义主要包括:

①开放存取是由作者或著作权人支付出版费用,允许公众免费获取的一种出版方式。它改变了传统出版方式——使用者必须支付一定费用才能获得相关资源,而作者或著作权人依著作权法享受相关的经济收益的方式。

②开放存取的文献是经过数字化处理的、通过互联网存取和传播的、免费获取、没有版权或者许可方面障碍的科研成果或学术作品。

③开放存取是一种全新的理念和思想,它的核心目标和价值是用户能够免费获取信息资源,从而使人类为实现信息资源共享又迈进了一大步。免费与自由正是开放存取最大的魅力所在。开放存取以较低的成本,拓宽了研究成果的发布与获取途径,促进了教学、科研能力的提高,缩短了出版时间,减少了信息不对称所带来的信息流失。

这些都准确表达了开放存取的主要精神:建立一个免费和不受限制的学术论文获取通道,让学术成果成为全世界的共享资源。

(2)从开放存取的名称来分析,开放存取的含义主要包括:

▲ 开放存取是什么?

开放存取中的学术研究资料由经同行评审期刊的论文、学术会议论文、技术报告、学位论文和工作论文共同组成,这些资料均可以免费、联机地获取。且大多数情况下,使用它们不需要得到任何授权。

▲ 开放存取不是什么?

人们对于开放存取有着各种各样的误解。它既不是个人自行出版模式,也不是跨越同行评审的出版方法,更不是次等的、廉价的出版途径。它只是学术研究人员自由地、联机地获取学术研究成果的一种方法而已。

▲ 如何提供开放存取?

提供开放存取的方法有多种多样。研究人员既可以在开放存取文库中存放每篇论文的副本,也可以在开放存取的期刊上发表论文,还可以在个人网站或者部门网站上存放自己的论文。上述3种方法都可以让更多的用户检索到这些论文,而这些论文在订购的期刊中往往会被隐藏起来,难于检索和应用。在3种方法中,前两种方法更具系统性和组织性,因此给其他用户查找和阅读这些论文提供了更多的机会。

开放存取文库是学术研究论文的数字化收藏,即学术论文由作者自行存放。就期刊论文来说,可通过预印本(Preprints)和后印本(Postprints)来实现。这被称作"自存储"。为了查找这些文库的内容,用户可以使用Google或专用搜索引擎来进行专指度更高、效率更高的搜索。这些文库通常存放于大学或其他研究机构内,可能是综合性的,也可能是单科性或者主题性的。比如ArXiv文库,它只覆盖物理学及其相关的学科领域。[1]

1.4 开放存取模式的特征

与传统的信息资源存取模式相比较,开放存取模式有着许多自身的特点,这些特点有的是明显的,是易于被发现和掌握的;而有的是隐蔽的,是不容易被发现和掌握的。

总体说来,开放存取模式只提供学术交流的技术平台,只对所交流的信息的质量进行把关,而对信息的内容和形式都没有严格的限制;用户可以通过互联网等多种途径免费(或少收费)进行检索、阅览;对文献的使用权限更大,只要注明相应的著作权信息即可;信息交流的直接性、交互性和时效性更强。

1.4.1 开放存取模式的特征(从形式上来看)

1.4.1.1 开放存取是一种全新的理念、时效性强

一般来说,学术论文从投稿到正式出版平均需要6个月左右的时

---

[1] Definition of open access publication. http://www.iflaog/V/cdoc/open access04.html.

间,而部分期刊的出版时间可能长达1年以上。学术期刊数据库由于要对期刊论文进行加工,往往对数据的更新时间又晚5个月左右。如赵禁[1]于2006年10月2日检索国内著名的两个学术期刊数据库《中文科技期刊数据库》和《中国期刊网》发现,前者对数据库的更新时间是2006年4月,而后者大约比前者快2个月左右。这一出版时滞造成的后果,就是科技人员从学术期刊数据库中获取的信息往往是一段时间以前的研究成果,从而直接影响科技成果的交流。而开放存取运动的目的是使人们能够通过网络免费获取最新的学术成果,因而它的传播是尽可能减少中间环节,特别是减少类似传统印刷型出版物的漫长的评审及出版过程,从而以最快的速度提供给用户使用。所以开放存取资源的时效性比一般的学术信息资源更强。

1.4.1.2 出版传播及时时效性强

在 ISI 收录的 239 种开放存取期刊中,即时指数(Immediacy Index)的平均百分比为46%,这说明开放存取期刊的被访问和被引用较其印刷版快捷[2]。一方面,开放存取期刊的审稿机制虽然严格,但是快捷简便,同行评议专家可以通过软件得到自动选择,并实现了作者、编辑部、评议者之间的互动交流,大大提高了效率。另一方面,开放存取期刊没有固定刊期和页码的限制,无需等到2个月、3个月或4个月出一期,或等文章"凑够"页码后才编排出版。当然,为了符合图书馆等文献收藏者的工作规律和个人用户传统的阅读习惯,出版商会定期将开放存取的文章结集,以印刷、光盘、预印本等方式提供给用户。

1.4.1.3 发展速度快

目前,OAJ正以每个月大约30至50种的速度增长。世界著名检索系统对OAJ收录的数量越来越多。至2004年10月,SCI、SSCI和A&HCI已收录OAJ 239种,另有3种综合性OAJ也被收录。2004

---

[1] 赵禁.学术信息开放存取与图书馆服务.图书馆研究,2006(4).

[2] 马景娣.学术期刊开放访问和图书馆的应对策略.中国图书馆学报,2005(4).

年10月,在ISI的OAJ的引证分析报告(第二版)中收录了中国的5种OAJ:Acta Botanica Sinica;Acta Pharma Cologica Sinica;Asian Journal of Andorlogy;Cell Research;World Jo. Runal of Gastroenterology。而2006年3月,DOAJ收录的中国OAJ有4种:Acta Botanica Siniea;Chemical JournalonIntemet;Journal of Integrative Plant Biolory;Chinese Medical Journal[1]。

1.4.1.4　交流方式便捷、开放程度高

开放存取是一种全新的学术信息资源交流方式。以往人们要获得学术信息资源,通常会选择到图书馆中查阅厚重的文献资料。但是,因为地域障碍,使很多人无法顺利获得需要的资料。如国家图书馆中保存的大量纸质文献资源及那些不提供网络传播的电子文献,只能使生活在北京的人获益,其他地区的人要想获得这些资料则必须克服地域障碍。在学术研讨会上进行的学术讨论活动,会获得一些学术价值很高的科研成果,但是,能利用到的人却十分有限。许多宝贵的学术资源因为存在各种障碍而无法传播,使得科研成果只能被少数的"幸运者"获得。开放存取模式打破了这些限制与局限,借助网络,任何人都可以免费自由地获取有价值的学术信息资源。

开放存取的目的就是实现学术信息的广泛传播和自由共享,使世界上任何人在任何时间、任何地方都可以不受经济状况限制而平等地获取和使用学术成果。开放存取资源可以从互联网上免费地没有限制地获取,使学术信息能够自由、无障碍地流动,大大方便了科研人员,有利于科学研究的发展。

1.4.1.5　价格优势明显

根据英国Wellcome Trust研究基金会的调查:中档和高档质量的开放存取期刊平均每篇论文的成本约为1 025美元至1 950美元,而传统订购型期刊中同等质量的每篇论文的成本在1 425美元至

---

[1] Berlin Declaration on Open Access to Knowledge in the Sciences and Humanities. http://www.zim.mpg.de/open access berlin/ berlin declara de larntion tion.html.

2 750美元之间,甚至更高。开放存取期刊的价格优势来自多种因素的综合作用,如网络交流的快捷和费用低廉、使用免费的期刊管理系统、开放存取储存库为开放存取期刊提供免费的长期存档与检索等。

1.4.2 开放存取模式的特征(从内容上来看)

1.4.2.1 信息交流的内容灵活多样、资源种类多

开放存取资源的种类较多,其文献形式有 OA 期刊、OA 仓储、原始数据、参考资料、数字格式的照片和图表、学术类多媒体资源等。可以是常见的图书、期刊、书目、论文、音像及影像制品、电子教学资料、开放百科全书;也可以是专利文献、研究报告,还可以是文本文件或多媒体文件;也还有开放源代码、视觉、模拟模块等资源。内容格式也多样化,可以是图、文、影像、Hyperlink、PDF、XML、SFML 语言与其他多媒体标准等。

1.4.2.2 在存取途径上,强调开放传播、免费存取

开放存取模式强调"开放与自由",同一文件可以以多种途径、多种方法检索与阅读;交流范围覆盖整个互联网;各系统间具有良好的互操作性。

另外,开放存取打破了价格障碍,实现了免费向公众开放。这样就可以节约学术研究所必需的科研经费。特别是对于发展中国家,它们不会因负担不起高额的费用而无法获取有价值的、最新的学术成果信息。

1.4.2.3 在使用权限方面,强调使用自由

开放存取模式的信息对读者是完全免费开放的,这极大地扩大了读者对学术文献的使用权限,读者可以因教学、研究、学习等目的而公开复制、打印、利用、扩散、传递和演示开放存取的信息。

就印刷版期刊而言,出版商同作者签订协议,要求作者向其转让版权,这在国际上是通行的做法。开放存取的前提条件之一就是版权属于原作者,任何人都不能对该作品主张权利。但是,当作者同意其作品以开放存取方式出版时,事实上已经用"创作共用"(Greative

Commons)等许可协议将绝大部分的版权赋予了用户,用户可以无限制地阅读、下载、复制、分享、保存、打印、检索、链接,而作者保留的是精神权利(如署名权、保护作品完整权等)和阻止恶意传播的复制权利。

1.4.2.4 强调交流的直接性、时效性

开放存取文献强调作者保留版权,从而减少了科学文献交流中版权条约的限制。在交流方式与交流效率方面,重视提高信源、信宿交流的直接性和交互性,因此开放存取模式实现了作者、读者、编辑之间的一对一、一对多、多对多的交互模式,增强了学术交流的直接性和交互性。同时重视提高学术交流的时效性,通过提高文献处理的自动化程度,缩短出版周期。

1.4.2.5 获取利用的快速和简便

开放存取期刊目录(Directory of Open Access Journals,简称DOAJ)是检索开放存取期刊的一种工具,由瑞典隆德大学图书馆主办。其提供的信息包括:刊名、可选刊名、ISSN号、创刊日期、停刊日期、主题、关键词、出版者、语种、旧名、继任刊名等。从DOAJ中获得信息主要是通过浏览和检索两种途径。通过DOAJ还可以获得期刊级别与文章级别的元数据。至2011年9月,DOAJ已收录开放存取期刊7 116种,其中3 407种可以进行文章检索,涉及的论文数达641 425篇。开放存取系统还设计了种种人性化的检索利用方法。如有的开放存取期刊管理系统可以向用户提供电子信箱,提供目次和全文推送服务,或预先告知每期内容;还有的期刊管理系统向用户提供研究支持工具(RTS),提供相关资源的链接;有的期刊管理系统能跟踪同一篇论文的多个版本,并将这些版本向用户提供;期刊管理系统还能够提供可视化的在线帮助,自动统计论文的提交数量、拒绝量、再提交量、出版量和论文提交曲线图等数据。开放存取期刊管理系统的检索入口也比较多,如文摘、标题、作者、关键词、状态等。

1.4.2.6 在费用方面,为出版而不是为使用付费,作者拥有版权

开放存取期刊向作者收取发表费,是用作审稿、组织同行评议及

维护网络平台的费用支出。因为在传统出版模式下,传统学术期刊要求作者必须签署把版权转让给出版商的协议书,所以,论文一经出版,出版商就拥有了论文的版权。但是在开放存取环境下,作品版权不再发生转移,作者可以长期拥有。作者有限制作品传播的权利,也有自由传播作品的权利,只要能保证作品的完整性,用户就可以自由地进行下载、复制、链接等。

允许作者保留版权是 OAJ 的重要特点。其目的是使作者获得科学荣誉,享有"发现权"或"首创权",而把复制、分发、检索、链接的权利留给用户。作者所保留的有限的版权可通过许可协议要求用户注明相关信息来保护。如 BMC 规定,在其期刊上发表研究成果的作者拥有论文的版权,他人引用论文必须注明论文题目、论文作者和论文出处,BMC 称之为"道德权利"(Moral Fight)。PloS 也指出,它在为作者提供可以使其成果得以广泛传播的同时,保证作者可以因其成果的发表取得相应的认可。

1.4.2.7 运作模式的多元化

印刷版期刊的出版和运行费用主要来源于用户市场。并且,就电子期刊而言,还存在着由购买期刊向订购期刊中单篇论文付费模式转化而影响用户获得信息的问题。斯坦福大学对电子期刊用户的研究表明,在使用过按篇付费的用户中,只有 33% 的人认为这是一种好的付费机制。相比之下,开放存取期刊的运作模式更加灵活多样,不仅为出版者,而且为作者、用户提供了更多选择的余地。如针对不同作者拥有的开放存取期刊制定了不同的收费标准,New Journal of Physics 就把发表费分成 560 美元、350 英镑、530 欧元等三个档次。如有的开放存取期刊用一些出版、广告收入或社会公共津贴来补偿成本,对有些团体和机构的论文处理费可以打折扣等[1]。

1.4.2.8 影响因子的逐步提高

OA 出版可以显著提高论文的被引频次。有学者对 119 924 篇公

---

[1] 刘海霞等.国内外开放存取研究.情报资料工作,2006(1).

开发表的计算机科学方面的会议论文调查发现，OA 论文与非 OA 论文的平均被引次数之比为 2∶6。加拿大魁北克大学和英国南开普敦大学的研究小组利用 ISI 对 1992 年至 2001 年物理学科的论文作了分析，结果表明 OA/非 OA 论文被引用次数的比例为 2.50∶6。OA 论文的影响因子也在提高，比如，从 1996 年起，Journal of Clinical Investigafion 就采用了 OA 出版模式，其 1996 年的影响因子是 10.921，而 2003 年上升到 14.307。

1.5 开放存取文献的分类和特点

1.5.1 开放存取文献的分类

开放存取文献有多种形式。认识文献的不同类型，对于探寻文献发展规律，科学、高效地利用开放存取资源具有积极的意义。下面从不同的角度，对开放存取文献进行分类。

1.5.1.1 从文献类型角度分类

从文献类型角度分类，开放存取文献有开放存取期刊和作者自我存取两大类型。对于前者，其生成、出版及文献的质量控制较有规律性，学术价值及应用价值较高。但其利用程序也较为严格，即在一定的范围内，供一定读者自由存取，而不对所有公众开放。

1.5.1.2 从开放存取文献来源分类

可分为两大类型：一类是由公共财政及公益性和非营利性基金等资助的成果；一类是文献作者自行授权开放使用的成果。前者的社会关系较为单纯，国家往往从法律的角度保障所有公民平等、自由、合理的使用。从文献价值来看，这一类型的文献不仅学术价值高，而且发现与获取起来也相对比较容易；对于由作者自行授权并开放使用的文献来说，其学术价值和应用效果因人而异。

1.5.2 开放存取文献的特点

1.5.2.1 资源量大、质量高、影响力广泛，学术价值高

目前，全球 OA 期刊达到 19 000 种，OA 仓储超过 3 000 个（2009

年统计),每年新增文献数百万篇。OA期刊实行同行评审制,文章质量较高,索引商引用增多;论文被引频次提高。对促进科学研究发展,提高学术机构、科研基金的影响力和美誉度有积极作用。

大部分开放存取资源,特别是开放期刊的学术论文,与传统出版刊物一样,都必须经过严格的同行评审才能出版。如在物理学领域,许多开放存取期刊的影响因子已远远超过印刷型学术期刊;而机构资源库主要收集、整理、存储一个或多个机构的科技成果,它所收集的学术成果可反映一个或多个机构的学术质量与学术水平,其成果内容具有很高的学术价值。而且,许多机构资源库和学科资源库也开始引入传统学术期刊的同行评审制度,以保障和提高库中资源的质量和学术水平。

1.5.2.2 开放存取文献需要特定的技术条件

开放存取文献主要是利用互联网技术和现代IT技术推动数字资源的合成,使其能在网络上自由地阅读、下载、复制、传播打印、搜索、链接及建立索引等,因此,一方面,它要求文献提供者及使用者具有相应的计算机基础设施,从而有利于网络终端与客户端之间的自由通信;另一方面,它也要求在文献的制作、保存、传输等方面遵守统一的规则,采用统一的格式及软件系统,这些是开放存取文献顺利传播的必备条件。目前,在文献长期保存方面,国际标准化委员会对数字资源长期保存所制定的标准框架是OAISC(Open Arichival Information System,ISO.14721.2003),并规定了对资源的存档和长期保存所遵循的参考模型。[1]

---

[1] 刘海霞.DOAJ目录系统及开放存取期刊介绍.图书馆理论与实践,2007(1).

第 2 章　开放存取的产生背景和原因

2.1　开放存取的产生背景

学术期刊论文的作者与商业性图书期刊的作者不同,后者写作和出版的主要目的之一是获取稿酬或版税,前者则主要是为了扩大自己的学术影响而发表论文。所以从作者的角度来看,给获取论文的用户人为地设置障碍的做法,如收取高昂的期刊订阅费等,就如同向商业广告的受众收费一样,是不合理的。另外从理论上来说,由政府和纳税人资助的研究活动,其成果不应该由私人拥有或控制。但是在传统的纸张印刷出版时代,与订阅费相比较,高昂的出版和传播成本是以学术期刊为核心的传统科学交流系统难以克服的障碍;于是承担这种成本的学术出版商有了存在的理由,并伴随着近现代科学技术的产生和发展而壮大起来。

总的来说,作为新的学术信息交流机制,开放存取模式的出现是有一定背景的。首先,传统的以订阅方式获得期刊论文的学术出版模式,已无法适应网络环境下科学研究进行信息交流的需要,由此引起的信息交流的滞后性、原始资源获取的高成本及资源的非易得性,已经影响了学术信息的传播速度与学术交流的效率。其次,网络的出现,使学术期刊出版与发行的成本大为降低,为实施网络环境下全开放的期刊信息资源的免费共享提供了技术基础。自 2003 年 10 月世界第一种"公共获取期刊"《公共科学图书馆》(生物卷)诞生伊始,开放存取模式因主张"作者付费出版,读者免费使用"而受到科研工作者的支持[1]。

然而近十多年来,有两个因素开始动摇这个由"出版商作为学术期刊的出版发行者和图书馆作为学术期刊提供服务者"的科学信息交流系统的基石。一是经过大量兼并收购逐渐取得市场垄断地位的学术出版商不断提高期刊价格以攫取高额利润,加上图书馆经费缩减使得始于20世纪70年代的"学术期刊危机"(Serial Crisis)愈演愈烈,图书馆没有能力提供科学研究所需的文献信息,从而影响了科学研究和教学活动的进一步发展。二是互联网的普及使得原本高昂的印刷与发行成本降低,并在理论上极大地提高了文献可能的传播范围。在这样的情况下,以牟利为首要目标的出版商被认为只会阻碍科学信息正常交流。于是,学术界和图书馆界开始质疑传统学术出版发行体制的合理性。尽管为保证文献质量采取的措施,如同行评议制度等所导致的成本并未消失,而转向新的出版传播系统及维持新系统的正常运行也会引发新的成本,但是随之而来的挑战学术出版商垄断地位的可能性也会促使"专业学会、大学、图书馆基金和其他人拥护开放存取这一新模式",以创建真正服务于科学活动的信息交流系统。

2.1.1 传统出版商对学术期刊出版的垄断和控制,导致"学术期刊危机"

学术交流是科学研究的重要组成部分,而科学期刊论文又是学术交流的主要形式。由于期刊订购费用的不断上涨,图书馆在年年追加期刊订购经费的同时,被迫年年删减期刊的订购品种。尤其是近几年来,国外的一些著名出版商通过并购逐渐垄断出版市场,学者辛勤努力的研究成果发表时,出版社却要向著者按页索费;而学者需利用出版后的学术成果时,图书馆却需要支付大笔订阅经费。虽然图书馆尝试利用馆际互借、集团采购等方式来减轻期刊订购的压力,

---

[1] 李武,杨屹东.开放存取期刊出版的发展现状及其影响分析.图书情报工作,2006(2).

但并没有从根本上缓解这种局面。学术期刊购置费的持续高涨阻碍了正常的学术交流活动。

另外,由于出版的商业化和兼并行为,使学术期刊的出版日益集中于少数商业出版商。以 STM(科学、技术与医学)期刊为例,据英国下议院科学和技术委员会的统计,在 2003 年全球 STM 期刊领域,Reed Elsevier 的市场占有率高达 28.2%,位居首位;紧随其后的也都是一些商业出版者,其中主要有 Thomson(9.5%)、Wohers Kluwer(9.4%)、Springer(4.7%)、JohnWiley(3.9%)、Blackwel(l3.6%)、Taylor&Francis(3.6%)。而非盈利性出版机构中只有美国化学学会(ACS)在市场占有率方面可以与商业出版者相当,进入前 8 位,占 3.6%。而 2004 年,Cinven 集团和 Candover 投资公司购买了贝塔斯曼旗下的学术出版公司(Bertelsmann Springer),并将之与原有的 Kluwer Academic 出版公司合并,成立了仅次于 Elsevier 的学术期刊出版商,即新的 Springer 科学与商业媒体出版集团。目前,该集团出版期刊已达到 1 500 种[1]。

在大量基于网络的信息可免费利用的情况下,获取多数学术期刊中的研究论文仍存在着障碍。经同行评价的文献通常是由政府基金资助的,并且这些文献得到用户、研究人员和医学专业人员等的高度评价。毫无疑问,由于学术期刊的年度订购费大量增加,院校和研究机构难以支付全部所需期刊的订购费。图书馆对期刊的需求增加使图书馆不得不减少诸如图书和非书资料的订购预算、甚至员工工资等来增加期刊的订购费。图书馆试图投入更多的经费来追赶期刊价格的增长,而且还希望通过"大宗订购"(BigDeals)和联盟打折等手段来节省经费。在这种传统的订购模式下,所有的图书馆都丧失了主动权,并被迫停订一些主要的文献。此外,自 20 世纪 50 年代以来,在个人和机构订购期刊的价格之间存在着很大的差异。在图书馆和个人订购相同期刊的情况下,这种双重价格通常使图书馆多支付 10

---

[1] 杜海洲,宋金燕.科技期刊国际市场及 2006 年期刊价格预测.中国科技期刊研究,2006(1).

倍的费用。最近几年,商业出版商的利润平均在20%～40%。作为有着数十亿美元行业的一部分,学术出版公司首先受到利润和股东利益的驱使。[1] 最大的商业出版商之一 Reed Elsevier 出版公司在1997年的营业利润约为26%,到2002年,其核心期刊的利润率为37%。面对期刊价格的持续大幅度增长,图书馆则通过停订部分期刊和削减图书订购经费来应对。

因此,近年来,开放存取受到了科技界、出版界和图书馆界的广泛关注。该模式使学术信息的商业化特征逐步淡化,顺应了学术信息交流的需求,代表着学术信息交流的方向,将成为未来学术信息交流的主要形式之一。

2.1.2 期刊价格持续上涨,"学术交流危机"进一步催生了开放存取运动

为了追求巨额利润,凭借市场垄断,商业出版商不断地提高学术期刊的价格。高昂的价格和庞大的种类使得任何一个机构或图书馆都没有能力收集齐所有的期刊。可以这样认为,学术期刊购置费用的持续高涨已严重阻碍了正常的学术交流活动,从而导致了学术交流危机。

被广泛引用的美国研究图书馆协会(ARL,Association of Research Libraries)的统计数据清楚地表明了这一点:与1986年相比,2004年期刊平均价格涨幅为188%,美国研究型图书馆用于购买期刊的费用涨幅高达273%;而面对品种不断增加的期刊市场,美国研究型图书馆2004年订阅的期刊种数只比1986年增加了44%。另据调查显示,在美国的许多大学图书馆,科技期刊占全部期刊总数的29%,而它们的订购费用却占全部订刊费用的65%以上。不仅美国如此,英国在1989年至1999年十年间,期刊的平均费用上涨了364%,而同期员工的工资只上涨了60%。澳大利亚在1986年至

---

[1] 杜海洲,宋金燕,王天津,等. 国际科技期刊市场动态及2008年期刊价格预测. 中国科技期刊研究,2008(1).

1998年期间,期刊平均费用上涨了474%,总花费上涨了263%,而价格的上涨导致期刊购买量减少了37%。电子期刊的出现也未能解决这一问题。ARL对其会员馆的统计表明,2000年至2003年,电子资源在图书馆整体预算中所占比例从12.9%上涨到25%;在资金的使用上,从1亿美元上涨到2.28亿美元;购买电子资源的额外资金也从0.11亿美元增加到0.215亿美元。

美国研究图书馆协会统计表明:在1986年至2003年间,期刊价格增长了260%,平均每份期刊在同期的价格涨幅为215%,而消费价格指数仅增长68%,平均年增长率为8.8%;而同期图书馆经费年平均增长率仅为6.7%。2003年研究型图书馆用于购买期刊的费用是1986年的近3倍,但购买的期刊品种却下降了7%。期刊价格的上涨已经使学术期刊基本上失去了个人订户,图书馆的期刊订购品种和数量也相对减少。面对期刊订购的减少,商业出版商用进一步抬高价格的方式来弥补利润的损失,这就使期刊出版系统陷入了价格上涨—订户减少—价格上涨的恶性循环[1]。

2.1.3 网络出版的日趋成熟为开放存取提供了坚实的技术基础

伴随网络信息技术的日新月异,开放存取的出版和交流理念开始突破传统学术期刊出版体制而开始兴起。自从互联网出现后,网络期刊和电子预印本不需要有像传统印本期刊那样的编辑、印刷和发行等复杂程序。相反,OAJ在网络上以数字形式进行传播,基于网络的交流渠道(如电子邮件和网上论坛)使作者、编辑、评审专家之间的沟通既方便又不需要额外成本,可以提供即时的学术信息。而且开放存取出版物往往被多个数据库收录或被多个网站链接,读者对同一文献还可以通过多种途径在互联网上检索和免费使用。此外,大学与研究机构拥有开放存取方式进行学术出版与交流的一切技术

---

[1] US National Academies. Electronic scientific, technical, and medical journal publishing and its implications:report of a symposium [R]. Washington,DC: The National Academies Press,2006.

条件,各种网络期刊与电子预印本管理软件不断地被开发出来,互联网技术平台使开放存取模式成为可能,且使这一全新的学术交流模式发展得更快。如加拿大不列颠哥伦比亚大学"公共知识项目"开发的开放期刊管理系统软件、美国国家医学图书馆负责运行的公共仓储软件 PubMed Central 系统等,都为期刊论文的免费或低成本传播提供了条件。

2.1.4 学术期刊的网络化出版大大降低了出版成本

互联网带来了创作方式、编辑方式、出版方式、发行方式和阅读方式的深刻变革,把传统的编辑、出版、印刷和发行整合为一体,大大降低了出版成本。但是,出版商采取传统的订阅模式,并通过 IP 和用户密码等方式对用户的访问权限进行严格控制,极大地阻碍了科研人员自由地获取学术信息。由于出版商将大量的非核心刊物与少量的核心刊物进行捆绑销售,使图书馆不能随意选择自己所需的具体刊物。结果是出版商利用电子期刊的低廉成本获取了更为巨大的利润,却没有真正服务于学术交流的需要。

计算机和网络技术的发展使学术期刊出版成本大大降低,出版效率提高,信息的交互性增强。随着技术的进步,电子期刊在出版成本日益降低的同时,制作质量则不断提高。从用户使用的情况来看,科研人员尤其是科学、技术、医药(STM)领域的学者已经接受电子期刊,并更多地使用电子期刊而非传统的印本期刊。因此电子期刊曾经被人们认为是解决"学术期刊危机"的一剂良方。电子期刊的出现尽管为解决"学术期刊危机"提供了可能,却反而被出版商控制,出版商利用电子期刊的低廉成本获取了更为巨大的利润。尤其是捆绑销售策略的采用(有时也被称为"大宗交易")更使图书馆处于被动状态。尽管捆绑销售可以使图书馆以相对低廉的价格购买众多电子期刊的访问权,但真正的问题在于利用捆绑销售,出版商将大量的非核心刊物与少量的核心刊物同时进行销售,图书馆不能随意选择自己所需的具体刊物。如从 1995 年开始,商业出版商(如 Elsevier 和

Wiley等)开始为全球用户提供电子期刊服务,将大量的非核心刊物与少量的核心刊物进行捆绑销售。

另外,这种销售策略对非营利性出版机构是一个极大的市场威胁,因为图书馆的经费是有限的,出版商产品不断攀升的价格造成了图书馆的经费危机。当网络成为出版商获取利益的新工具时,大学、研究机构、图书馆开始利用自己拥有的技术设备、技术人才、学术成果的生产者和消费者等资源谋求新的、基于学者利益的学术交流机制。所以在实际销售中,图书馆却不能获得实质性的好处,因为出版商的捆绑销售政策虽使图书馆获得较多的文献,但其高昂的价格却需图书馆削减其他方面的预算来维持电子期刊的订阅,而且无法保证未来电子期刊的价格不会超出图书馆的承受能力。

这种情况下,开放存取作为一种全新的学术出版模式,即"作者付费出版,读者免费使用"引起广泛关注,政府、图书馆、大学、研究机构等开始大力资助学术交流的开放存取活动。美国研究型图书馆协会(ARL)、英国联合信息系统委员会(JISC)、加拿大高校协会(AUCC)和研究型图书馆协会(CARL)、世界卫生组织(WHO)、开放社会机构(OSI)等已成为推动开放存取运动发展的主要力量。

2.2 开放存取兴起和发展的背景分析

开放存取的产生与兴盛是经济、社会、技术、法律等多方面因素综合作用的结果。从最初的"礼品经济"时期的学术期刊出版及知识交流模式,到商业化改造下的学术期刊出版和知识交流模式,逐渐凸显出版商对学术期刊出版的商品化嬗变过程。在这个漫长的发展过程中,围绕着期刊出版的权利分配格局逐渐发生了重大调整,学术团体权利的沦丧与出版商利益的强化形成巨大反差,不仅阻碍了学术交流在技术不断变革的背景下的发展,反而在很大程度上制约了学术团体从事科学创新的积极性。学术团体认识到,"必须收回他们转让给出版商的权势和控制,或者在商业化出版系统之外建立起不同的学术交流机制"。这种内在的要求,加之现代社会资源共享理念的深入人心和越来越现代化、网络化、数字化的信息技术手段，共同形成了对开放存取运动的强大支持力量。

2.2.1 学术出版垄断的问题

在传统的学术期刊出版模式下，大学和科研单位中的学者、研究人员无偿或有偿地将自己研究成果的版权出让给商业出版者，由出版商代为出版发行。这种出版模式不利于学术交流。学者与研究人员发表论文的目的主要是产生学术影响并被同行引用、评价，希望尽可能广泛传播。而出版商则为了从中牟利，往往要求作者签署完全的版权出让协议。在发行过程中，则将出版物的使用限定在订购者范围内，致使学术研究成果不能广泛传播。为了扩大发行量，出版商不断提高期刊的印刷质量，期刊发行成本则随之上涨，期刊价格也就不断飙升。期刊价格高涨，导致图书馆、科研机构等对期刊的订阅量锐减，这势必影响到学术信息交流。

面对出版物"价格危机"，出版商采取了"Big Deal"销售策略，将出版社的全部期刊或一部分期刊，提供给一家图书馆或同一社团的多家图书馆，其订购价比图书馆原先对单一品种期刊的订购价要低些。但是这种捆绑销售并没有减小图书馆经费预算的压力。据Library Journal的统计，在1990年至2000年间，期刊的定购价格每年增长10%，10年共增长了170%。27个学科中的17个学科年增长率都达到了两位数字[1]。

开放存取旨在追求形成一个学术信息利用和影响的世界学术共同体。开放存取出版通过作者付费出版的形式直接与用户进行广泛交流，淡化了学术信息的资本市场，消除了商业性出版产生的经济障碍，因而对期刊出版市场的垄断格局产生了有力的冲击。在这种形势下，不少出版商开始认真反思自己在学术出版交流中的地位、作用及其影响，而开始调整经营策略，谋求新的角色定位，以期在新的出

---

[1] Gruss P. Berlin Declaration on Open Access to Knowledge in the sciences and Humanities[EB/OL]. http://www.zim.mpgde open access berlin/berlin declartion.pdf.

版机制和社会环境中得到生存与发展,这将进一步推动开放存取模式的深入发展。

2.2.2 学术交流障碍问题

世界各国对科技事业的重视和投入力度的加大,使得在科研人员增加与科研实力增强的同时,科研成果的产出量也相应地大幅度增多。据统计,与1986年相比,2002年世界科技期刊的数量增加了58%。但是,相当部分的科研人员认识到,他们却没有因此获得更多的科研信息,或者他们的科研成果没有得到更快、更广泛的传播。其原因主要在于居高不下的期刊价格导致文献收藏部门和科研人员对期刊的购买力的相对下降,从而使得科研信息的传播与来源渠道双向受阻。

科研信息的传播与来源渠道受阻的主要原因是图书馆等文献服务部门对出版物收藏量的下降。学术交流系统由正式交流系统和非正式交流系统组成。其中,前者以正式出版物为传播媒介,它的特点是传播的知识都是要事先经过评估和把关的,并以正式出版渠道进行传播。正式交流系统以其稳定性和权威性占据着学术交流系统的核心地位。而学术期刊又是正式交流系统中传播知识的主要媒介。在正式学术交流系统中,作者(创作)、出版商(印刷出版、市场与传播)、图书馆(组织收藏)是三个主要角色。当作者将作品提交给出版商进行审核、编辑时,便开始启动了这个流程;出版商在衡量市场与发行的因素后,进入出版与市场发行的环节;图书馆多年来一直作为文献收藏机构,因此出版商视之为必然的市场;当文献被图书馆或信息机构所收藏后,便进入了用户查询、利用阶段;最后被用户(主要是学术研究者)有选择地加以利用,并进入知识的再创造过程。在整个过程中,出版商具有得天独厚的控制权,一方面对价格控制,一方面决定着哪些学术成果可以进入正式交流渠道。况且,垄断的出版物价格并非完全由生产成本决定,而是看图书馆是否能买得起。对占全球科技期刊销售总额57%的北美地区统计表明,1986年至2002年期间,尽管北美地区各主要图书馆用于期刊征订的经费增加了230%,但所购买到的期刊数量却没有增加。与北美地区同期的物价上涨指数相比较,期刊的价格上涨十分惊人。[1] 另有资料表明,自1986年以来,北美平均每个研究图书馆订购的期刊品种消减了6%,澳大利亚38所大学图书馆订购的期刊总量减少了43.7%;而面对每年品种不断增加的期刊市场,美国研究型图书馆在2003年订阅的期刊总数只比1986年增加了14%。

国内图书馆存在着同样的情况。有学者报道,某高校图书馆用于中文版书刊的征订费由1985年的34 078元上升至2000年的194 101元,所征订到的书刊数量却由1985年的17 159册下降到2000年的8 750册,相当于每册书刊的平均价格由1.98元上升到22.18元(上升了11.2倍)。[2] 另一方面,1985年国内科技期刊的数量是2 500种,2000年则增加到4 600种。尽管国内科技期刊的数量上升了84%,而该校图书馆征订的期刊册数却下降了49%。按以上数据推算,假定1985年国内科技期刊的平均发行量是1 000册的话,到2000年就下降为277册了。图书馆界的集团采购、馆际互借等资源建设与服务方法虽然可以在一定程度上促进资源共享,减轻用户获取期刊信息的压力,但是并没有从根本上使学术交流机制得到改善。另外,图书馆等机构的购买并不能代替研究者个人的购买,虽然机构购买会减少个人的订购,但是影响个人订购最关键的因素仍然是期刊的价格。

于是,图书馆界开始对一些新的出版和学术交流机制进行探索。如SPARC(SPARC Scholarly Publishing and Academic Resources Coalition)是ARL倡导的学术期刊出版项目,其目的是通过扶持学会或小型出版商的非赢利或低价刊物,打破商业出版机构在学术出版

---

[1] PubMed Central Journals Full List [EB]. http://www.pubmedcentral.nih.gov/fprender.fcgi? cmd full view, 2006-03-17.

[2] The PloS journals [EB]. http://www.plos.org/journals/index.php, 2006-03-17.

界的垄断地位,恢复学术团体对学术期刊出版的控制权,并在一定程度上恢复研究成果的公共性。SPARC的具体做法是利用图书馆的购买力或提供经费资助等方法,帮助学会、大学出版社和小型出版商出版与特定商业性学术期刊相似的刊物,以此形成对大型出版商的竞争局面。目前,SPRAC已经支持了约100种学术期刊。相比而言,开放存取或许是更为有效的消除学术交流机制障碍的模式,可以在很大程度上削弱出版商对学术交流的控制权,使得科研成果不再成为少数人的专利,而成为全社会人人可以公平、快捷的得到与享用的共同精神财富。如英国Oxford University Press的高影响因子期刊Nucleic Acids Research,从2005年开始,面向全球的网络用户开放存取。

2.2.3 学术交流模式问题

2.2.3.1 人们获取信息方式的改变

基于传统出版方式的学术交流模式面临越来越多的挑战。科研成果的迅速增长使有限的印刷出版能力变得愈加不适应;用户无法忍受印刷出版的滞后性;印刷型期刊及其电子版本的价格不断攀升;由谁负责保存数字化学术成果资料的问题变得越来越不确定;基于印刷型文献的学术交流具有内容单一、出版周期长、流通渠道不畅、可获得性差(如付费使用)等缺点,影响了信息的正常交流。

随着网络和计算机技术及数据库技术的发展,文献载体形式日益丰富多样,出现了大量的商业数据库和数字化的文献产品,极大地丰富了用户获取信息的途径,创新了人们的交流方式,使新的基于互联网的学术交流方式呼之欲出。

2.2.3.2 学术交流价值的改变

传统的学术期刊出版体制阻碍学术信息交流的状况,迫使科研人员为了信息交流而另辟蹊径。因为大多数科研人员发表研究成果的根本目的不是从研究成果中获得直接的经济利益,而是为了使个人的研究成果在尽可能短的时间内、最大范围地被人们所了解和传播,得到同行认同,从而实现自身的价值。开放存取模式恰好可以实现这一想法。因为开放存取模式提供免费访问,能吸引更多的读者,从而给作者带来更大的潜在收益,给学者带来经济上的回报。

2.2.3.3　网络环境下科学研究呼唤新的学术交流机制

基于订阅的传统学术期刊出版模式带来了严重的学术交流障碍。Blackwell期刊价格指数表明,[1]在1990年至2000年期间,人文社会科学领域的学术期刊的价格涨幅高达185.9%,而科技和医学领域的学术期刊的价格涨幅则分别高达178.3%和184.3%。另一方面,作为学术期刊的主要消费者,图书馆则面临着资金缓慢增长甚至是削减的问题。许多图书馆由于缺乏资金,只能取消部分期刊的订购。

2.2.3.4　大学与科研机构开始谋求新的学术交流机制

长期以来,科技出版一直是由学术学会和类似的科研机构进行的。早期作者撰写学术论文是为了确定自己在同行中的优势地位、扩大影响。即使是在今天,撰写学术论文大多也是为了积累知识和推进学科专业的发展的目的。

因为大学和科研机构是研究者最集中的地方,既是学术文献的生产者,又是学术文献的消费者。一方面这些机构需要保存自己产生的知识信息及知识产权,另一方面科研人员希望能全面、准确、及时地获取最新的科研成果与思想。学术出版垄断使得大学和科研机构研究人员的权利受到减弱,期刊在录用作者论文之前,往往通过签订契约的方式受让作者的版权,而作者在使用期刊时却受到各种限制,并被要求付费。所以,一些大学、科研机构与高校图书馆开始利用自己拥有的资源,去探索建立一种新的基于学者利益的学术交流机制。为了将学术交流的主导权和控制权重新夺回到科研人员手里,以此推动学术信息的广泛而充分的交流,打破商业出版者对科学

---

[1] 夏翠军.开放存取出版的发展背景.现代情报,2005(12).

研究信息的垄断和暴利经营[1]，国际科技界、学术界、出版界、图书馆界发起了开放存取运动。

2.2.4 数字鸿沟的弥合问题

20世纪下半叶以来，由于信息产业和信息经济发展的不平衡，出现了数字鸿沟（Digital Divide）现象。数字鸿沟不仅存在于个人、组织、地区之间，也存在于国家与国家之间。从表面上看，数字鸿沟是对信息技术的占有和运用方面的差距，但从深层次上分析，则是占有、获取和利用信息能力方面的差距。数字鸿沟的本质是知识鸿沟，所以数字鸿沟又被称为"信息差距"（Information Gap）或"知识差距"（Knowledge Gap）。国际学术交流共享机制障碍是导致国家与国家之间出现数字鸿沟，并被不断扩大的重要因素。第一，发达国家往往对其本国科研成果实行严格的保密政策，或者对欠发达国家获取其科技信息设置种种附加条件，或者向这些国家传播已经被其淘汰、过时的信息。第二，发达国家利用其在经济上的强势地位，行使知识霸权，动则对违反其知识产权保护政策的国家进行各种制裁。第三，欠发达国家或非主要语种国家的科研成果，由于赢利前景不太好，会被排除在国际学术交流系统之外，不被承认，这从许多国际权威文献检索系统收录资料的情况可以得到证实。据有关方面估计，我国科学数据资源总量占世界的10%。"九五"期间，实施国家级科技计划的经费投入接近2000亿元，其中30%～50%的比例用于科学数据的采集和整合。我国每年发表的科技文献量约占全球的1/8。但是，科学数据的共享所产生的效益则只占全球的0.1%，反差极大[2]。

开放存取模式将使欠发达国家被纳入国际学术交流体系，使其获得大量的、涉及内容广泛的科技信息，能使科技成果快速进入交流

---

[1] 李武.开放存取运动将解决学术期刊危机[EB/OL].http://www.media.people.com.en/GB/22114.

[2] Frank M,Reich M,and Ra anan A. A not-for-profit publishers perspective on open access. Ser Rev. 2004,30(4):281-287.

系统,提高个人、组织和国家在国际上的科技影响力。缩小数字鸿沟,扩大发展中国家的科学影响力是开放存取运动的目的之一。[1]

2005年6月22日至24日,由中国科学院和国际科学院组织(简称IAP)主办的"科学信息开放获取战略与政策国际研讨会"在北京召开,来自印度与巴西等国家的代表在会议上报告了开放存取运动在发展中国家的情况。国际生物学出版公司副总裁Leslie Chan先生在会上介绍了国际生物学出版公司在开放存取运动中的一些成功经验,探讨了如何在发展中国家发展开放存取模式,并以此扩大发展中国家科学出版的国际影响力。Leslie在报告中总结了国际生物学出版公司在发展开放存取过程中的经验教训,认为在建设OA库和OAJ的过程中,资源的整合非常重要;而库与库之间的互操作性也是至关重要的问题,因此OAI协议是需要被采用的;另外,期刊的投资不能依靠其订购的收入,而应当依靠其实际的效果。[2] Leslie建议在发展中国家,投资机构必须首先要弄明白为什么要转向开放存取,不能盲目地赶时髦,在转变到开放存取的过程中要制定新的商业计划;政府机构需要支持当地OAJ的发展,支持OA存档和知识共享;实现开放存取模式仅仅是第一步,如何发展OAJ杂志的内容则是更为重要的问题。开放存取虽然不一定能作为解决数字鸿沟的最主要手段,但是由于其在沟通信息、促进合作与交流方面能够发挥重要作用,因此,其不失为弥合数字鸿沟的积极措施之一。因为,解决数字鸿沟问题本来就是需要整体化的综合性对策,任何一种方法的单独使用都不会起到明显的效果。开放存取模式正是完整的对策体系的组成部分之一。

2.2.5 网络技术的应用问题

因特网的产生和普及,对传统的出版模式与交流系统的改革起

---

[1] Anderson R. Author disincentives and open access. SerRev. 2006,30(4):288-291.

[2] Van Orsdel L, Born K. Periodicals price survey:2004:closing in on open access. Libr J. 2004,129(7):45-50.

到了重要影响。早期的电子期刊大都是开放存取期刊,如1987年的New Horizonsin Adult Education、1989年的The Public Access Computer Systems Review等。由于当时计算机和网络技术的落后,加之没有找到适合于开放存取期刊的运作经营模式,因此效果并不理想。但却显示了学术团体通过网络直接向终端用户传递科学成果的可能性。这种可能使很多人相信,学术团体可以越过出版商,而重新主宰学术期刊。20世纪90年代,以网络为媒介出版电子期刊的尝试进一步深入。这种努力主要包括两个方面:一是学术团体开始绕过传统出版机构自行出版电子期刊;二是一些大型商业出版机构开始探索将他们的传统出版物移植到电子领域的途径[1]。这种变化导致期刊出版市场的权势重新组合,使得学术期刊的出版模式多元并举,而开放存取模式则异军突起。

相对于传统出版模式,利用计算机和网络进行运作的模式使出版与传播的成本大大降低。首先,基于网络的交流渠道(如电子邮件和网上论坛)使作者、编辑、评审专家之间的沟通既方便又不需要额外的成本;其次,免费使用的期刊管理系统(Journal Management System,JMS)已经出现;再次,公共知识仓库的存在也为期刊论文的免费或低成本传播提供了条件。现在,开放存取模式正在拥有越来越好的技术条件。比如麻省理工学院(MIT)开发的Dspace系统,实现了大学科研期刊的分享和存档管理,用一种分布式的方法让任何获得授权的机构都能分享到大量的科研论文资源。开放存取的标准化建设也已经取得突破性进展。[2] 2001年,OM项目推出了OAI—PMH(Open Archives Initiative Protocol for Memdam Harvesting Specification),即元数据收割协议。这是一个基于MIT的协议,该协议较好地解决了分布式的异构数据库之间的互操作和跨库检索问题。随着OAI—PMH在OA仓储建设中的应用,OA仓储的发展取得了重大进步。目前已经开始出现了一些遵循OAI—PMH协议的

---

[1] 任真.开放获取环境下的图书馆.大学图书馆学报,2005(5).
[2] 李映兵.开放存取的思索.情报杂志,2006(4).

OA仓储,如由英国RDN项目维护的"英国电子印本列表"、由加州大学建设的EScholarship仓储等。OAI—PMH定义了6个谓词(Verb),所有这些谓词都在URL中编码成一个http请求,根据不同的请求获取不同的数据结果。OAI协议非常简单,只要在基本的URL地址后面直接加上谓词和其他的命令就可以了。OAI—PMH定义的6个谓词分别是:Verb:返回该存档的详细描述(名称、联系方式等);List Sets:返回库中可用的资源分组的名称(如音乐、影片等);List Memdata Formats:返回存档所用的元数据格式;List Identifiers:返回满足查询条件的记录标识;Get Record:返回与指定标识对应的记录;List Records:返回满足查询条件的记录。另外,网络出版提高了作品发布的时效,如果将文章通过印刷型期刊发表,再被同行研究者检索和知晓,大约需要半年至一年的时间。这样长时间的等待,对许多研究者来说是难以忍受的,因为很可能失去原本属于自己的"首创权",而OA出版则很好地解决了这个问题。

2.3 开放存取产生的原因

2.3.1 开放存取产生的外部原因

众所周知,科研以探索和创新为主,科研工作者经常需要利用正式和非正式的学术交流方式来获取知识、激活思维,获取最新、最全的各种原始信息和他人已经完成的研究成果。科研工作者对"新"信息的无限追求,是引发建立开放存取机制的外部原因。

2.3.2 开放存取产生的内部原因

自20世纪70年代以来,维持出版商与图书馆共生关系的出版市场开始动摇:商业出版者进入学术期刊市场,信息流通的商业化导致学术期刊价格上涨。作为学术期刊的收藏者、学术期刊提供者的图书馆则面临着资金增长缓慢,甚至是削减的问题,许多图书馆由于资金的缺乏只能取消部分期刊的订购,出现了所谓的"学术期刊危机"。

研究人员从事科研活动的一个基本条件是获取和阅读大量的期刊论文,了解同行的研究情况和学科的发展动态;研究人员发表成果(尤其是在学术期刊上发表专业论文)的目的不是为了经济报酬,而是希望在尽可能大的范围内传播研究成果。但印刷型期刊却限制了众多读者阅读期刊,这与论文作者的期望或利益是直接冲突的。于是,人们在思索如何改变这一状况。网络技术的飞速发展和广泛应用拓展了人们的思路,电子期刊应运而生。然而,电子期刊出现后又被出版商控制,出版商对于电子期刊的销售,采取了传统的订阅模式,并通过 IP 和用户密码等方式对用户的访问权限进行严格控制。出版商利用电子期刊的低廉成本获取了更为巨大的利润,却没有真正服务于学术交流的需要,也就是说,电子期刊的问世和普及并没从根本上解决"学术期刊危机"问题。

于是,20 世纪 90 年代末国际学术界、出版界和图书情报界兴起了开放存取运动(Open Access Movements,原为 Online Free Scholarship Movements)。[1] 所谓"开放存取"是针对于传统的基于订阅的出版模式而言的,其宗旨在于利用网络条件实现科学研究成果的广泛共享,研究人员可以通过互联网即时免费地访问他人的研究成果,从而实现学术成果的无障碍传播。OA 倡导者认为,研究人员的非赢利的信息传播动机和利用需求是开放存取赖以存在的前提。同时,随着计算机和网络技术在出版领域中的应用和普及,在线出版和在线传播的总成本已经大大降低。因此,开放存取是一种既有效又切实可行的学术出版模式。

---

[1] 李春旺. 网络环境下学术信息的开放存取. 中国图书馆学报,2005(1).

第3章 开放存取的产生过程和发展阶段

3.1 早期的开放存取

事物的发展规律是：先有理念后有实践,通过实践不断完善理念;或是先有实践后有理念,在实践中产生理念;或是在实践的同时产生理念,并在理念的指导下推动实践。开放存取模式走的正是后一种发展模式,是一个不断探索的过程,也是一个不断完善的过程。

3.1.1 理念形成与初步探索阶段

"合作"、"共享"、"互济"作为开放存取的理念已被人们接受,但是在很长的时期内人们并没有对该理念的本质进行深入的挖掘。直到自由软件的创始人,美国麻省理工学院的理查德·斯托尔曼(Richard Stallman)提出"Copyleft"的概念后,人们才真正认识了开放存取的实质,并在其引领下,使更多的人和社会组织及政府机构致力于这项事业。Copyleft 的中文译法不统一,如"版权所无"、"非版权"、"著作义"、"版权开放"等,原意是将 Copyright 中的"Right"理解为"右",而非"权利",于是"Copyright"变成了"版权右",同此相对应,Copyleft 的含义就是"版权左"。Copyleft 蕴含着一个重要的假设,即信息是非物质的,信息的恒量存在是相对丰富的,属于非竞争性资源,对信息的利用不会导致其被破坏和损失,反而会使其增值。所以,Copyleft 逐渐辐射到版权法承认的任何作品内容,使软件、文字、图片、视频、音频等脱离现有版权不合理的保护。开放存取奉行 Copyleft 规则。

比如已经被众多类型开放资源采用的由斯坦福大学法学教授劳伦斯·莱斯格(Larry Lessig)、迈克尔·卡罗尔(Michael Carroll)等人提出的"创作共用资源许可协议"(Creative Commons License,简称CCL)就指出,其致力于让任何创造性作品都有机会被更多人分享或再创造,共同促进人类知识作品在其生命周期内产生最大价值。[1] 开放存取标志着知识生产、传播、利用链条上新型版权关系的确立,其着眼于全社会的整体利益,以恢复学术成果的公共性为宗旨,以摒弃传统版权法保护的"限制"与"专有"思想为目标,从淡化学术出版资本市场入手,打破了个别人、个别集团、个别国家对知识的垄断,其给社会带来的福祉大大超过了版权所能及的层面。

早期开放存取运动的实践形式很多,除了开放源代码软件外,还有"免费数字图书馆"、"电子文献档案"、"档案数据库"、"新闻组"、"网络二次信息服务"等。在这一阶段,还召开了有关国际会议,尝试了若干开放存取的试验项目,并提出了部分知识产权保护的指导原则。

3.1.2　国际文件形成与推广阶段

这一阶段以开放存取的国际性的"3B"文件的产生为标志,意味着开放存取作为一种造福全人类的公共事业走上了组织、协调和国际化的发展道路。在这个阶段,开放存取辐射的地域范围越来越大,开放的资源类型不断增多,适用于开放存取的技术、软件得到大量开发并进入实用。

特别是开放存取运动得到很多国家政府、国际组织、基金会的高度重视,其从组织、协调、资金、法律、政策等方面给予了积极的支持。同时开放存取的社会氛围得以逐步形成。

---

[1] Revised Policy on Enhancing Public Access to Archived Publications Resulting from NIH-Funded Research(NOT-OD-08-033)[EB]. http://www.grants.nih.gov/grants/guide/notice-files/html.

3.2 开放存取的产生过程

3.2.1 开放存取的产生过程

开放存取运动起始于20世纪90年代,它是为削弱商业出版社的权势,恢复学术研究成果的公共性质而发起的。虽然商业出版者参与学术出版在很大程度上促进了学术的发展,但其根本动机是谋求经济利润的最大化,这与研究人员的利益是直接冲突的。自1990年以来,商业出版者日益垄断期刊市场,大幅度地提高期刊价格,而作为传统信息集散地的图书馆的经费增长无论如何也跟不上期刊的上涨幅度,从而形成了"学术交流危机"。另外,虽然大部分的科技期刊已经发行了网络版,但出版商通过利用硬件或软件,如数字权利管理技术等各种手段限制、阻碍研究人员对学术信息的获取,从而形成了一种新的危机——"认证危机"。

针对上述情况,1998年,"自由扩散科学成果运动"(也被称为"自由科学运动")提出具有开放获取取向的倡议,它要求减少版权条约中的限制条款,反对将作品复制权从作者转移给出版商。2001年12月,在匈牙利召开的布达佩斯会议,出台了《布达佩斯开放获取倡议书》。并于2002年2月份正式启动,旨在促进和推动全球各学科领域研究论文免费获取的开展。BOAI提出了实现开放获取出版的两种措施,即建立"自我存档"和创办"开放获取期刊"。2003年1月16日,在匈牙利首都布达佩斯召开"开放获取与促进学术出版"国际研讨会,会议由OSI举办,主题是"开放获取与促进学术出版",针对封闭和日益商业化的学术出版领域,提出"开放获取"的概念和可能采取的措施,以促进学术信息的无障碍传播。会议请若干东欧国家科学院代表介绍了各国科学出版现状,围绕"开放获取"介绍了有关开放获取项目,还讨论了科学界和政府机构认可"开放获取"期刊文献的问题。[1] 2003年10月22日,德国、法国、意大利等多国的科研机构在柏林联合签署了由德国马普学会发起的《关于自然科学与人文科学资源的开放使用的柏林宣言》,旨在利用互联网整合全球人类的科学与文化成果,为各国的研究者和网络使用者在更广泛的领域内提供一个免费的、更加开放的科研环境;呼吁向所有网络使用者免费开放更多的科学资源,以更好的利用互联网进行科学交流与出版。

3.2.2 开放存取的产生过程分析

尽管20世纪70年代就有一些预印本数据库问世,如高能物理领域的斯坦福公共信息检索系统(SPIRES,Stanford Public Information Retrieval System);而且早在1971年,Michael Hart就制定了旨在"让全世界所有人都能够自由地获取为数众多的著名重要文献"的古登堡计划。

1987年,锡拉丘兹大学研究生Michael Ehringhaus创办了免费的同行评审电子刊《成人教育新视野》(New Horizons Or Adult Education),它几乎具备了今日所谓开放存取期刊的全部元素。1991年,万维网的发明导致了电子信息的爆炸性增长,更多免费的经同行评审的电子期刊问世了。如Edward M. Jennings于1991年创办的《E期刊》(E journal);3年后成为免费经同行评审的《开放存取计算机系统评论》(The Public Open Access Computer Systems Review)期刊等。除此之外,还出现了若干电子印本仓储。较早的如由物理学家Paul Ginsparg建立的高能物理领域的电子印本仓储ArXiv等。这些新型出版形式的共同特征就是提供对电子出版物的免费存取,因此它们逐渐被称为"开放存取出版"。

在随后的几年间,创立了数百种开放存取期刊,但是半数以上都中途夭折了。1999年,Harold Varmus博士提议建立一个生物医学领域的开放存取网站,以发布该领域经过同行评议和未经同行评议

---

[1] Association of Research Libraries. Monograph & Serial Costs inARLlibraries [EB/OL]. http://www.arl.org/stats/arlstat/graphs/2003/MonserO3.pdf.

的论文。公共医学中心（PubMed Central，PMC）由此产生。由于应者寥寥，2001年初，Varmus博士牵头成立了由科学家和研究人员参与和管理的非营利性组织——科学公共图书馆（Public Library of Science，PLoS），宣布他们写稿、审稿、编辑及校阅的对象只限于那些出刊6个月后免费将论文提供给社会大众自由使用的期刊。但是，在刚开始的两三年间，该项目似乎也并未达到倡议者的预期目标。总而言之，在开放存取模式出现后的十多年里，尽管也有一些成功的期刊，如关于互联网研究的《第一个星期一》（First Monday）等，但是这一阶段的开放存取出版相对于科学出版总量来说仍然是微不足道的。

2001年12月1日至2日，开放社会研究所（OSI，Open Society Institute）在布达佩斯召开了一次小型会议。在会上，来自不同国家、不同学科领域，持有各种观点的与会者（他们大多拥有从事早期开放存取运动的经验），探讨了如何利用OSI等机构的资源来协调各种分散的开放存取计划和方案，集聚所有支持开放存取的力量，以便最终能够在互联网上自由地存取各个学科领域的研究论文。会议的一个重要成果就是2002年2月14日发布的《布达佩斯开放存取倡议书》（BOAI，Budapest Open Access Initiative）。该倡议给出了迄今为止仍被广泛认可和接受的关于"开放存取"的定义，并提出了实现开放存取的两条途径，即作者自行存档（Self-Archiving）和创办开放存取期刊（Open Access Journals）[1]。

至2006年3月初，已经有3 998名个人和343个组织签名响应和声援该倡议。2003年4月11日，在霍华德·休医学研究所（Howard Hughes Medical Institute）位于马里兰州切维柴斯的总部召开了为期一天的会议。一群对科学文献开放存取感兴趣的人集合在一起，起草了《贝塞斯达开放存取出版声明》（Bethesda Statement on Open Access Publishing），并于2003年6月20日公布。它明确提出开放存取出版必须满足的两个条件（见第1章"开放存取概述"）。2003年10

---

[1] 乔冬梅.国外学术交流开放存取发展综述.图书情报工作，2004(11).

月20日至22日,由德国马普学会(Max Planck Society)发起的包括德国、法国和意大利等多国科研机构与基金会参加的"科学与人文知识开放存取大会"(Conference on Open Access to Knowledge in the Sciences and Humanities)在柏林召开,会上依据布达佩斯和贝塞斯达提倡的开放存取精神签署了《柏林科学与人文知识开放存取宣言》(Berlin Declaration on Open Access to Knowledge the Sciences and Humanities),鼓励科学家以开放存取的方式出版论文。至此,开放存取的学科范围从自然科学领域向人文科学和社会科学领域逐渐延伸。

由于布达佩斯、贝塞斯达和柏林3个重要宣言的发布,相关各界人士对于"开放存取"的内涵和外延有了较为明确和完整的认识。许多国家如英国、美国、加拿大和澳大利亚等国的政府都对开放存取模式表示了支持,一些国际组织如联合国和国际图书馆协会联合会(IFLA,International Federation of Library Associations)也以十分积极的姿态推动开放存取运动的发展。前者于2003年12月发布了《联合国信息社会世界峰会原则宣言》(UN Declaration of Principles)和《联合国信息社会世界峰会行动方案》(UN World Summit of the Information Socfety Plan of Action),采纳关于"开放存取"出版的诸多建议;后者则于2004年2月发布《IFLA关于学术文献和研究文档的开放存取声明》(Statement on Open Access to Scholarly Literature and Research Documentation)。

随着非营利性组织PLoS和营利性组织生物医学中心(BioMed Central,BMC)的开放存取期刊良好的发展势头,一些传统的学术出版商如牛津大学出版社、斯普林格出版集团等纷纷开始部分地采纳开放存取出版的一些做法。一些科研机构、基金会和慈善机构,如霍华德·休医学研究所、惠康信托基金(Wellcome Trust)等则承诺将支付其研究人员在开放存取期刊发表论文的费用。还有一些政府机构,如英国联合信息系统委员会(JISC,Joint Information Systems Committee)则出资帮助出版商向开放存取出版模式的方向转移。

3.3 开放存取的发展阶段

3.3.1 萌芽阶段(1965—1991年)

在学术期刊出版的早期,就孕育着开放存取的思想。从1665年科技期刊《伦敦皇家学会哲学会刊》(Philosophical Transactions of the Royal Society of London)问世以来,科研人员发表论文的目的主要是传播学术成果以提升其职业影响力。300多年来,作者们发表的成果都是以印本的形式进行传播,其成本是通过期刊的订购费来提供。在印本时期,即使版权所有者想开放存取,但无论从实际上还是经济上都是不可能的。网络的发展和普及促进了开放存取的产生和发展,为开放存取提供了技术保障和实践的可能。从而出现了许多基于网络的免费电子图书和电子期刊项目。如1971年美国伊利诺伊大学的迈克尔·哈特(Michael Hart)创建的"谷登堡计划",目的是通过计算机网络向公众免费提供电子书籍;1987年秋,美国Syracuse大学Kellogg项目创建的《成人教育新视野》(New Horizons in Adult Education),成为早期的免费在线同行评议期刊;另外,还出现了电子文献档案,这些电子文献档案最初仅收录论文预印本,后来也收录已出版的文稿,形式也不再局限于论文[1]。

3.3.2 初步发展阶段(1991—2002年)

正式意义上的开放存取可追溯到20世纪90年代初。开放存取运动最初的倡导者是科学家Paul Ginsparg,Steven Harnard和Harold Varmus。其中Paul Ginsparg是洛斯·阿拉莫斯国家实验室的物理学家,他建立的ArXiv是物理学、数学、计算机科学和非线形科学领域遵循OAI协议的电子预印本资源库,是免费的联机学术成果最早的资源库之一;Steven Hamard是美国弗吉尼亚理工学院的认

---

[1] Recommendations for the promotion of open access in scientific publishing in Finland[EB/OL]. http://www.minedu.f/julkaisut/tiede/2006/trl6/trl6.pdf.

知科学教授；Harold Varmus 是诺贝尔奖获得者、美国国家卫生研究院院长。这些科学家们一致倡导对知识和信息的平等获取。

1994年6月，Stevan Harnad 将"一个革命性的建议"公布在弗吉尼亚工学院为电子期刊开设的讨论列表上，建议学者们将他们未发表、未评议、原创的著作预印本出版在全球可获取的网络存储上，使学者们可以在世界范围内通过网络方式自由获取。1998年，他创立美国科学家开放存取论坛，上面有大量关于开放存取的讨论列表。Harnad 的一系列关于学术资源的开放存取建议和实践极大地鼓舞并推动了全世界的开放存取运动。

1998年6月，学术出版和学术资源联合机构（the Scholarly Publishing and Academic Resources Coalition，简称 SPARC）正式创建。它是由大学图书馆和相关教学、研究机构共同参与而建立的联合机构，目的是通过扶持学会或者小型出版商的非盈利或低价刊物，打破商业出版者在学术出版界的垄断地位，恢复学术团体对学术期刊出版的主导地位，致力于创建一种真正为科学研究服务的基于网络环境的学术交流体系。2000年10月，科学公共图书馆（the Public Library of Science，PLoS）成立，它是一个为科技人员和医学人员服务的非营利性机构，致力于使全球范围科技和医学领域文献成为可以免费获取的公共资源。最初，PLoS 并没有将自己定位为出版者，而是鼓励和号召科技和医学领域的期刊出版机构，通过互联网为研究人员提供文献全文的免费获取。当时得到了来自180个国家30 000多名科研人员的支持，但商业出版机构却没有响应。2001年，PLoS 认识到，更为有效和实际的方法应该是自己创建提供免费存取的高质量 PLoS 期刊。于是，在2002年11月收到 Gordon and Betty Moore 基金会的900万美元的赞助后，PLoS 招募工作人员成立了期刊编辑部，并拥有了 PLoS Biology，PloS Medicine 等6种高质量的开放存取期刊。2001年，《布达佩斯开放存取倡议书》（BOAI）由 OSI（Open Society Institute）基金会在布达佩斯举办的信息自由传播会议上提出，它主张将各个领域发表的科学文章发布到网上，并主张在机构或学科类的仓储和期刊中,充分发挥自我存档的作用。

3.3.3 稳步发展阶段(2002年至今)

"3B"会议之后,开放存取活动取得了很大的进展,人们已经基本上对开放存取的内涵、组织形式达成共识,提出了两种开放存取实现方式,即自存档的知识库和开放存取期刊。出现了大量的相关机构、项目和开放存取计划。许多大学、学会、协会、科研机构和学者纷纷发表声明,支持学术成果的开放存取,动员各国政府对纳税人资助的研究项目采取开放存取的出版模式,并建立了机构知识库和学科库。

2002年10月,在瑞典的隆德大学(Lund University)召开了第一届关于学术交流的北欧会议,会议提出由图书馆全面组织免费电子期刊的思路。2003年5月,瑞典隆德大学图书馆负责创建了《开放存取期刊目录》,并于2005年7月正式发布。

2004年1月30日,联合国经济合作和发展组织科学与技术政策委员会采纳了关于政府资金资助的研究成果开放使用的声明;2004年2月24日,国际图联理事会采纳了关于学术著作和研究文献开放存取的声明;2004年,一个由48个非营利出版商组成的联盟,发布了关于科学信息自由获取的华盛顿纲领。2004年7月,英国众议院科技委员会签署文件,认可对科研成果的开放存取模式,同时批评科技出版物价格上涨的现象;该委员会鼓励将已发表的论文存储到网络仓储中,支持由科技出版物作者付费的出版模式。

2004年7月,美国国家卫生研究院(NIH)制定了开放存取计划。后历经数月的辩论、筹划、谈判、游说和等待,美国国会终于批准通过了这个开放存取计划。目的是使越来越多的公众可以免费获取NIH所资助的研究成果论文,并确保由NIH所资助的研究成果论文可以得到永久保存。

另外,开放存取期刊也发展迅速,一些著名的出版集团纷纷推出开放存取期刊,如《自然》出版集团和欧洲分子生物学组织联合推出了《分子系统生物学》OA 期刊。2004 年 10 月，Thomson 公司发布的关于 ISI 引文数据库中 OA 期刊学术影响力的分析报告中表明，在 ISI 的 9 000 种期刊中，有 239 种开放存取期刊，其影响因子指标达到了 ISI 的选刊标准。在一些学科，开放存取期刊的影响因子比一般商业性学术期刊低很多，但在医学、天文学等学科，影响因子较高的期刊大多是开放存取期刊。虽然从数量而言，编入索引的开放存取期刊明显低于传统期刊，但已经显示出开放存取运动所取得的明显成效。

第三次开放存取会议于 2005 年 2 月 28 日至 3 月 1 日在英国南开普顿大学举行。会议的主题是"柏林宣言实施进展"，大会报告主要集中在开放存取的实施、各机构为推动开放存取设立的项目的总结，以及修正开放存取实施路线图等方面。

2006 年 10 月 20 日，由 AAU(Association of American Universities)、ARL(Association of Research Libraries)、CNI(Coalition for Networked Information)、NASULGC(National Association of State Universities and Land-Grant Colleges)和 SPARC 联合举办的"提高对公共资助的科学研究的获取：政策问题和实践战略"论坛在华盛顿召开。为扩大公众对美国政府资助的科学研究成果的获取，大会制定了一些政策或措施，与会的重要大学和图书馆机构的领导们对这些举措的目的都表示了赞同[1]。

3.3.4 开放存取运动的广泛开展

开放存取运动的开展尽管只有十多年时间，但由于得到了政府部门和科研资助机构的关注和支持，发展异常迅猛。

2003 年，明尼苏达州民主党代表 Martin O. Sobo 提出了 HR2613 号法案——《在国会中公共获取科学法案》(Public Access to Science Act)。该法案提出修改美国法典第 17 条，即主要由联邦政府资助的

---

[1] 李武,刘兹恒.一种全新的学术出版模式：开放存取出版模式探析.中国图书馆学报,2004(6).

科学研究产生的作品不受版权保护。

2004年夏,英国众议院(House of Commons)科学技术委员会在一篇《科学出版:向公众免费?》的报告中,呼吁国家支持开放存取,要求政府机构规定经费获得者将其文章的全文存储在开放存取知识库中。

国家卫生研究院(NIH)自2005年5月2日开始,要求得到NIH全部或部分资助的科学家所完成的科研成果,在发表时,应将作者最终手稿的电子版提交到国家医学图书馆管理的一个网络化知识库PubMed Central(PMC)中,以便公众可以免费获取。提交的时间为自论文正式发表的最短的时间内,最迟不超过12个月[1]。

英国的惠康基金会(Wellcome Trust)每年花费4亿英镑资助生物医学领域科研成果的开放存取,并要求受其资助的研究成果在出版后6个月内开放获取。

芬兰教育部还成立了开放存取科学出版委员会,提出了《促进芬兰科技出版开放存取的建议》。

2005年9月,巴西召开了第九届医学信息和图书馆世界峰会。会议提出了萨尔瓦多宣言,呼吁国际社会紧密合作,保障学术信息永远公开、免费提供利用。

我国学术界也密切关注并积极参与OA实践。2005年6月22日至24日,中国科学院和IAP(国际科学院组织)在北京中国科学院文献情报中心召开了"科学信息开放存取战略与政策国际研讨会",就科学信息开放存取的战略、政策、运行模式、支持机制、作者态度、相关法律与技术等问题进行了深入的探讨,以推动学术成果更广泛、更自由的共享。

我国于2004年签署了《柏林宣言》。2005年7月,50余所高校图书馆馆长在"中国大学图书馆馆长论坛"上签署"国家合作与信息共享武汉宣言",其中包括支持OSI在布达佩斯通过的OBAI的原则。2006

---

[1] 李武.开放存取出版的两种主要实现途径.大学图书馆学报,2008(4).

年,国家社会科学基金将开放存取定为国家情报科学重点研究方向。目前,国内已经建立了"中国科技在线"(http://www.paper.edu.dn)、中国预印本服务系统(http://www.prep.istic.accn/eprint)等多个开放存取式门户网站。

第4章 开放存取资源概况

4.1 开放存取资源的实现途径

芬兰学者 Bo-ChristerBjork 提出开放存取的实现途径有以下四种:实现同行评审的电子期刊、特定学科领域的预印本服务器、基于大学的机构仓储和作者本人的个人主页。杨帆[1]将开放存取实现方式区分为单纯获取型和在线交流型两大类8种形式,即开放存取期刊、开放存取仓储、个人WEB站点、博客、维基、邮件列表服务、P2P的文档共享网络、论坛等。也有人认为实现开放存取的途径有:建立以学术研究机构、学校、科研基金会等为单位的机构知识库;以学科分类为基础,建立学科知识库、开放存取期刊、学者个人主页及 Blog。

另有研究者从网络用户的角度,认为开放存取实现方式目前大体可以区分为两大类型:单纯获取型和在线交流型。单纯获取型是指网络用户通过此种方式能够免费获取有价值的信息资源,他们与信息源的沟通是一种间接形式,大部分时候,用户采用这种形式的开放存取,目的是获取。这种类型主要包括开放存取期刊、开放存取仓储、个人 Web 站点等。在线交流型是指网络用户通过这种方式不仅可以非常方便、自由地获取有价值的信息资源,而且在获取这些信息的同时,能直接将反馈信息传达给信息源。此种类型主要包括博客、维基、邮件列表服务、P2P 的文档共享网络、论坛等。

---

[1] 杨帆,詹德优.开放存取及其实现方式分析.图书馆论坛,2009(1).

BOAI 提出了两种实现开放存取的策略：一是建立"自行存档"(Self Archiving)，也有称"自归档"；二是创办"开放存取期刊"(Open Access Journals,简称 OAJ)。自行存档是指作者将论文以"Eprint"电子文档形式存放在所属机构的数据仓储中。自行存档的数据仓储又可分为基于学科的开放存取仓储和基于机构的开放存取仓储。[1]

到目前为止，被广泛认同的开放存取的实现途径，是《布达佩斯开放存取倡议书》(BOAI)建议的"绿色之路"和"金色之路"法。本书主要介绍开放存取的两种主要实现途径：OA 期刊(开放存取期刊)和 OA 仓储(开放存取仓储)。

BOAI 提出的统一的双重开放存取策略：

一是 BOAI-1(绿色"green")：在适当的付费访问期刊上发表论文(http://romeo.eprints.org/)；二是 BOAI-2(金色"gold")：在适当的开放存取期刊(open-access journal)上发表论文。并且(AND)在以上两种情况下，把论文的副本自我存档到作者单位的机构仓储中(http://www.eprints.org/self-faq/; http://www.archives.eprints.org/)。

根据 BOAI-1 策略，实现开放存取的方法之一就是作者在传统期刊上发表论文后再进行自我存档(Self-Archiving)，即把发表在传统期刊中的论文的后印本存储在开放的电子文档库中，当这些文档符合开放文档协议(OAI)标准后，搜索引擎和其他检索工具就可以发现该篇论文，用户无需知道文档库的名称与位置，就可以看到这篇论文。[2]

4.1.1 绿色之路(Green Route)：机构库、学科库、个人主页

自行典藏(Self-archiving)通常被称为 BOAI—1。是指作者将自己论文资料的预印本(Preprint)或后印本(Postprint)存储在某个开放

---

[1] 年心博客.图书馆情报学开放文库试用. http://www.hjn66.bokee.com/5745741.html.

[2] View Signatures[EB/OL]. http://www.soros.org/open access/view.cfm

存取站点,供读者免费取用的方式。可细分为三种方式[1]:

(1)机构库(Institutional Repositories,简称IR)

机构库又称"机构知识库"、"机构仓储"、"机构典藏库",是收集、存放由一个或多个学术机构(例如大学、研究所、图书馆、博物馆等)的专家、学者创办的、可供机构内外用户共享的学术文献的数据库。

2002年,学术出版与学术资源联盟(Scholarly Publishing and Academic Resources Coalition,简称SPARC)的高级顾问Raym Crow撰写了《机构库的原由:SPARC意见书》,首次提出了"机构库"的概念,他将"机构库"定义为:获取和保存一个或多个大学的智力产出的数字化集合。同年,ARL、SPARC和网络信息联盟(Coalition for Networked Information,简称CNI)召开了SPARC机构库研讨会(SPARC IR Workshop)。2003年,网络信息联盟的执行理事Clifford A. Lynch在《机构库:数字时代重要的学术基础设施》一文中,将机构库定义为一个大学向其成员提供的、用以管理和传播该大学及其成员所创造的数字资源的一系列服务。加拿大研究图书馆协会(Canadian Association of Research Libraries,简称CARL)则提出,所谓机构库就是指搜集、存储学术机构成员的知识资源,并提供检索的数字知识库。同时认为机构库可以作为一个全球知识库的子库,为世界范围内的网络用户服务。我国吴建中教授持与CARL类似的观点,认为机构库是指收集并保存单个或数个大学共同体知识资源的知识库,其在学术交流体系改革中扮演着关键的角色[2]。

尽管不同机构、学者对机构库下的定义不完全相同,但概括起来机构库应该具有以下几个要素:第一,构建的主体是机构,这与基于学科和专题的数据库存在本质的区别;第二,内容大部分都是学术性的知识资源,如预印本、学位论文、工作报告、多媒体数据、会议论文、教学资料、实验结果等;第三,机构库中的知识资源是动态增加并长

---

[1] 董文鸳.机构库影响下的图书馆.情报资料工作,2006(5).
[2] 吴建中.图书馆VS机构库——图书馆战略发展的再思考.中国图书馆学报,2004(5).

期保存的;第四,开放性,机构库既要保证与其他机构库之间的互操作,还要保证将其中绝大部分内容向世界范围内的所有用户开放。自行典藏中的机构库一般由学校或研究机构建立,但这些机构库一般有权限限制,其开放范围和程度有限(一般只对本单位研究者开放存档,其他人只能阅读)。

(2)学科(主题)库(Subjat Reponties,简称 SR)

学科库,也被称为"学科知识库"、"学科开放存取仓储"、"学科仓储",在国外通常被称为"Subject Repositories"、"Disciplinary Archives"、"Subject(Discipline)Based Repositories"、"Subject Specific Repositories"、"Discipline Oriented Repositories"和"Domain Specific Data Archives"等。笔者认为,由于学科库中存储的还有作者的论文预印本、工作论文等,有的还达不到知识层次,用"学科知识库"概括,似乎范围太窄;用"学科开放存取仓储"又不够简洁。而且,另一种重要的自存档形式的开放存取实现途径——Institutional Repositories,目前在国内多译为"机构库"而非"机构仓储",因此笔者更倾向于用"学科库"。

学科库是专门收集某一特定学科研究资源的电子文档。其最普遍的类型是电子印本文库(E-print Archive)。E-print 是一种以电子方式复制的文献,一般是学术研究文献。它通常包括两种形式:未经审核的预印本(Preprint)和已经审核过的后印本(Postprint)。

(3)个人主页(Homepage)

自行典藏中的个人存档以前是在 FTP 或 Gopher 站点张贴论文,但是 20 世纪 90 年代中期以后,万维网上的个人主页作为存放论文的空间变得更加普遍,作者的个人主页(Author Web Sites)可以说是最常见的方式。但个人主页与作者个人是紧密相关的,作者的任何变动,如工作调动、退休、死亡等都会导致个人存档的中断、变动,这使个人网站的维护与稳定性得不到保障。另外,由于个人存档广泛分散在互联网上,较难被搜索引擎发现,因而获取完整的信息也比从机构库和学科库中获取难得多,所以影响不大。

因此,自行典藏的形式实际上主要是学科库与机构库。也正因为如此,有的学者认为自行典藏的形式只有学科库与机构库。如Keith G.Jeffery[1]认为开放存取实现的途径有"金色之路"和"绿色之路",而绿色之路只包括学科库和机构库。在国内,李武和方晨[2]把开放存取的形式归结为开放存取期刊和开放存取仓储两种,并在此基础上进一步将开放存取仓储细分为学科开放存取仓储和机构开放存取存储。

4.1.2 金色之路(Golden Route):开放存取期刊(Open Access Journals)

金色之路通常被称为BOAI—2。学者需要特定的软件工具才能创办开放存取期刊,或将收费存取期刊转换为开放存取期刊。创办的开放存取期刊不再以著作权限制存取的范围,而是以著作权保护期刊的永久开放存取。

美国科技信息研究所的统计显示,至2006年10月,被权威文摘索引机构ISI收录的OA期刊已经有439种;同时,OA期刊的被引用率和影响因子也在不断提高,并且往往超过同类的传统期刊。伊朗学者从学科角度分析了OA期刊的影响因子。著名的开放存取期刊名录(Directory of Open Access Journals,简称DOAJ)收录的开放存取期刊数量在不断增加,至2011年9月30日,已达7 116种。[3] 被称为全球最大开放存取期刊门户的Open J-Gate,提供基于开放存取期刊的免费检索和全文链接服务,其主要目的是保障读者免费和不受限制地获取学术研究领域的期刊和相关文献,至2008年1月5日,收录的OA期刊高达4 378种。目前OA期刊呈现良好的发展态势,其规模和影响不断扩大[4]。

---

[1] 李武.开放存取出版的两种主要实现途径.大学图书馆学报,2007(4).
[2] 方晨.开放获取:解困"学术期刊危机".中国教育网络,2005(9).
[3] Directory of open access journals. http://www.doaj.org.
[4] Open J-Gate. http://www.open j-gate.corn.

4.2 开放存取资源的类型

"开放存取资源"(Open Access Resources)又被称为"开放存取信息资源"(Open Access Information Resources)、"开放存取信息"(Open Access Information)、"开放存取藏书"(Open Access Collections)、"开放存取资料"(Open Access Materials)、"可公共利用的资源"(Publicly Available Resources)、"免费存取的数字资源"(Freely Accessible Digital Materials)、"可开放利用的资源"(Openly Available Resources)等。台湾地区学者称为"开放近用文献"。但大多数学者更倾向于"开放存取资源"的说法。

国内外对于开放存取资源的类型的划分,目前尚无统一的标准,研究者们提出了多种划分方法,主要有:

(1)有研究者从开放存取资源的文献类型角度进行划分,认为有3种类型,开放存取图书、开放存取期刊、开放存取论文。还有研究者将开放存取资源划分为3种类型:①机构资源库(Institutional Repositories)。由大学、大学图书馆、研究机构、政府部门等类型机构创建和维护。②学科资源库(Disciplinary Repositories)。主要指预印本资源库。③开放期刊(OAJ)[1]。

本书主要介绍开放存取的两种主要资源类型:OA期刊(开放存取期刊)和OA仓储(开放存取仓储)。OA期刊(Open-access Journals)是指以电子形式定期出版,所有论文可以永久地开放获取的期刊。OA仓储(Self-Archiving,又称"自存档"):指学者将已经发表的期刊论文以电子文档的形式保存在搜索引擎和其他搜索工具可以找到并处理的开放电子文库中。要求文档符合《开放文库计划》(Open Archives Initiative)制定的标准。

---

[1] 钱国富,林丽. 开放期刊(Open Journals)及其影响研究. 图书与情报,2005(1).

4.3 开放存取期刊(Open Access Journals,OAJ)

4.3.1 开放存取期刊(OAJ)含义

开放存取期刊以网络电子期刊为主,既可以是新创办的电子版期刊,也可以是由已有的传统印刷版期刊转变而来。开放存取期刊采用作者(或机构)付费出版,读者免费使用的运行模式。它与传统期刊一样,对提交的论文实施严格的同行评审制度,从而保证了期刊的质量。由于它是读者免费使用,因而它为广大科研人员提供了一个交流学术思想的平台。随着开放存取期刊的日益发展,它也开始得到传统的文摘索引服务商的认可,并成为它们收录的对象。

值得注意的是,开放存取出版模式与传统出版模式的根本区别不在于出版载体是纸质版还是电子版,而在于对期刊的访问方式和访问权限。传统出版模式的出版物是以商品的形式有偿提供给订户的,订户多为图书馆、科研机构,也有个人订户,信息载体既可以是印刷版也可以是电子版。而开放存取出版模式则采用"作者付费出版,读者免费使用"的模式[1]。

4.3.2 开放存取期刊(OAJ)分类

有学者将其分为过渡型和创建型两类。过渡型开放存取期刊是指由传统期刊过渡而来的期刊,这类期刊的经济风险较小,在是否对其论文开放的问题上,作者有选择权。如果作者同意付费发表,则以开放存取方式发表;如果作者不同意或不能付费发表,则以传统的订阅方式发表。订购价的变动取决于付费发表的论文数量,付费发表的论文数量越多,则订购价就越低。新创建的开放存取期刊一般没有印刷版,从一开始就以在线形式存在。但是有的期刊在开放存取

---

[1] International Federation of Library Associations. IFLA Statement on Open Access to scholarlly Literature and Research Documentation. http://www.ifla.org/v/cdoc/open—access04.html.

的同时,也出版印刷版,而印刷版是需要付费使用的。比如 PloS Medieane 的印刷版的价格是 160 美元/年。另外,开放存取期刊的运作模式还有:由某一大学建立并运转,且仅利用研究所的服务器空间建立电子档案,由感兴趣的学者编辑和管理,无需付费(包括评审过程)。另有学者把开放存取期刊分成原生类、转化类和开放与非开放并存类三种类型。原生类相当于创建型;转化类则是由传统期刊转化而来,可以利用原有期刊的影响力借势发展;开放与非开放类相当于过渡型,是一种中间形式。目前,得到学术界普遍认同的是从用户访问的角度将其分成"完全开放存取期刊"、"半开放存取期刊"和"延时开前存取期刊"三种类型的分法。

"完全 OAJ"(Open Access Journals)的特点是其运行资金来自于作者支付的发表费或专门机构(政府、基金会、个人等)的投资,从而彻底改变了用作者付费维持期刊经营的模式。DOAJ 中收录的期刊就是"完全 OAJ"。

"半 OAJ"(Partial Open Access Journals)的特点是只对期刊上的部分内容开放存取,运行资金主要来自作者的发表费和用户的使用费两个方面,这是传统的"订购期刊"向"完全 OAJ"的过渡形式。半 OAJ 主要是对两类内容进行开放存取:一是特别重要或有报导价值的文章。这类内容开放存取的目的是为了吸引更多的用户。二是作者支付开放存取费用后的文章。最早实施这项策略的是佛罗里达昆虫学会,目前 Springer 的 Open Choice 和 BlackweU 的 Online Open 都采用这种模式。Springer 是国际上著名的出版商,它让作者自由选择其论文是否开放存取出版,如果作者同意为其经同行评议通过、并被录用的论文额外支付 3 000 美元,该论文就可以在以印刷版形式发表的同时,在 Springer 公司的网站上以开放存取形式出版。为了协调开放存取对下一年度期刊价格的影响,Springer 公司面向用户的每种期刊价格将取决于上年度此刊所有论文中非开放存取论文所占的比例。如,Springer 公司出版的某种期刊在本年度的价格是 1 000 美元,全年共发表了 100 篇论文,其中 10 篇是作者付费后而采取的开放存取形式，占10%，那么下一年度的刊价则降低10%，为900美元。戴维·普罗瑟认为，这种"混合"的方法可以作为帮助期刊向完全的开放存取期刊转变而没有经济风险的一种途径。半OAJ在出版阶段引入了开放存取思想，但它仅限于部分内容而不是全部的内容。它的资金来源主要有两部分：用户订阅和作者付费。半OAJ并没有完全摆脱传统期刊的经营模式，是"一种期刊两种经营"模式。[1] 2003年，Springer公司同时在线出版的期刊为1 150多种，用户可以网上获取的论文为600 000余篇（包括需付费阅读的论文）；已经数字化的信息资源约150万页，2003年被用户下载的论文超过170万篇次，2004年超过了340万篇次。有的"半OAJ"允许低收入国家免费或以非常低廉的价格访问其全文。比如牛津大学出版社（Oxford University Press，简称OUP）就实施这种政策，目前，已有700多个机构可以免费或以低廉的价格访问OUP的在线期刊。

"延时OAJ"（Delayed Open Access Journals）的特点是期刊在出版后的一定时期内实行"订购存取"模式（目的是使出版商获得合理的经济利益），而在超过预先设定的时间段之后，采用开放存取模式。典型的例子是对过刊内容实施免费访问政策。1997年，美国堪萨斯大学副校长David Shulen burger提出了一个新的出版模式，即所有的学术论文在其出版90天后，按出版时的形式再提交给一个专门的存储中心，然后免费向学术团体提供。该提议当时没有得到多数人的认可。但是，2000年，斯坦福大学的一群科学家发起了一个类似的项目。他们把自己的论文在发表6个月后提交给PubMed Central（一个由美国国家医学图书馆管理的存储中心），并通过PubMed Central免费向学术团体提供利用。目的如前所述。这些科学家向学术团体发出了"只向同意在论文发表6个月以后授予作者通过PubMed Central和其他公共网络传播自己作品之无限权利的期刊投稿，只为这些期刊担任编辑和评审，只订购这些刊物"的倡议。到

---

〔1〕 乔冬梅. e印本文库（e-print archive）建设与应用——开放存取运动典型策略研究. 北京：北京图书馆出版 2006.

2002年6月,已有3万多名科学家签名响应这一倡议。

目前,已经有许多的期刊出版者提供这种延时免费获取服务,如 Journal of Biological Chemistry(JBC)每年年底都会将当年所有的期刊论文开放存取。据 ALPSP 协会(The Association of Learned and Professional Society Publishers)于2003年的调查表明,9%的出版者(主要是一些小的非盈利出版者)会将他们的期刊在出版数月或者一年左右后免费提供。如至2005年6月,HWP 拥有完全 OAJ 共31种,而可访问其过刊内容的期刊达到了201种。延时 OAJ 实际上是将开放存取的思想引入到了期刊传播过程的后期阶段,它的经营模式实际上仍然是传统的"用户订阅"模式。

4.3.3 开放存取期刊与传统期刊的比较

开放存取期刊与传统期刊的区别主要有以下几方面:

(1)付费模式不同

OAJ 与传统期刊的区别主要是费用支付模式的不同。传统的期刊(包括印本期刊和电子期刊)采用用户付费的商业模式,一般先由图书馆等机构团体购买,然后为其成员提供检索全文服务;或者由用户个人直接订购整刊或某篇特定文章,尽管有些电子期刊允许用户免费访问文摘或部分论文全文。而开放存取期刊实行的是用户利用 Internet 就可以不受限制地访问、阅读、下载、打印、检索、链接该文献的全文信息,支持爬行器获取并建立本地索引或其他任何法律允许的用途的模式。

(2)版权所属不同

传统期刊的版权通常通过版权转让协议的形式,由作者转让给出版社,也有的版权转让协议规定归双方共有。开放存取期刊的出现和发展,带来了一些新型的版权模式。目前 OAJ 的版权模式主要有四种:出版社拥有版权、作者拥有版权、转让商业利用权(theCommercial Exploitation Right)、作者保留部分权利。通常是采用知识共享许可协议(Creative Commons license)[1]。

(3)出版成本不同

开放存取期刊之所以能够被广大网络用户免费使用,关键在于其独特的付费模式。传统印本期刊的出版成本包括职工工资、同行评议、编辑、印刷、装订、订购、发行等费用,它主要通过收取订阅费和使用费来维持运行。开放存取期刊因为是网络期刊,不需要为印刷、装订、订购、发行等付费,使出版和传播的成本大大降低了。

虽然开放存取期刊的出版成本较低,但并不意味着不需要成本。职工工资和同行评议等仍需一定的费用。为筹集基本运行费用,开放存取期刊倡导者提出了包括争取相关机构赞助、广告收入和为用户提供增值服务而取得收入等途径来弥补出版成本。目前,最主要的支付成本模式是作者付费模式。许多开放存取期刊出版商采用多种方式来维持运行,包括出版费、赞助费、广告收入、订购费、服务费、电子商务收入等方式。开放存取期刊的倡导者认为,作者付费模式具有合理性,并可以保证开放存取期刊出版的可持续发展。

4.3.4 开放存取期刊(OAJ)优势介绍

开放存取期刊是一种论文经过同行评审的、网络化的免费期刊,全世界所有读者从此类期刊上获取学术信息,是没有价格和权限的限制的;编辑评审、出版及资源维护的费用不是由用户而是由作者或其他机构承担。开放存取期刊的影响因子有高有低,尽管其分布随学科而不同,但多数学科在高端期刊中至少有一种是开放存取期刊。如 PLoS Biology 将自己定位为和 Nature、Science 一样的顶级综合性生物学期刊,最新的影响因子高达 13.9;德国和英国合办的 NJOP 影响因子也达到了 3.09[2]。

开放存取期刊是利用相关工具建立的开放式存取的平台,它提供开放、自由的信息供大众使用。在开放存取期刊上发表文章被称

---

[1] CreativeCommons[EB/OL]. http://www.creativecommons.org/.
[2] 傅蓉. 开放存取期刊及其影响分析. 图书馆论坛,2007(8).

作实现开放存取的"金色之路"。简单地说,开放存取期刊则是指任何人都能够在线免费获得的期刊。优势主要体现在以下几个方面:

(1) 开放存取期刊有利于促进研究成果的传播

在过去,传统的印本期刊是研究人员传播研究成果的主要途径,为此研究人员不得不接受出版商提出的种种苛刻条件,有些作者不仅得不到稿费,反而要支付版面费,还要签订协议将版权转让给出版商。开放存取期刊使研究人员的研究成果能够得到广泛的传播,拥有更广泛的读者群,论文的能见度、影响力和被引用率都提高了。

(2) 开放存取期刊使用户能更方便地获取

开放存取期刊对所有用户都是免费的,这就消除了印本期刊在获取方面的障碍,使用户能够准确、及时地获取最新的科研信息,这给学术研究带来了极大便利。用户是开放存取期刊的最大受益者。

(3) 开放存取期刊有助于打破出版商对学术出版的垄断,在一定程度上可以减少图书馆的开支

多年来,图书馆一直面临着经费紧张的问题,而出版商则不断提高期刊价格。开放存取期刊的出现和发展,使得一部分期刊不需要订购就可以直接获得,这在一定程度上减轻了图书馆的经济负担,提高了图书馆的文献信息保障能力。而出版商受到开放存取期刊的冲击,不得不对出版策略做出调整,开始试验 OA 模式。如 Springer 公司在 2004 年推出了 Open Choice 项目,作者支付 3 000 美元的费用后,就可以 OA 模式出版研究成果。此外,Springer 公司还在网站上免费提供图书、期刊等各类资料[1]。

4.3.5 开放存取期刊(OAJ)的出版模式研究(以高校科技期刊为例)

高校科技期刊是我国科技期刊的重要组成部分。据统计,至 2009 年 4 月,我国高校共主办科技期刊 2 494 种,占科技期刊总数的 1/4。高校科技期刊兼有教育、科研两大优势。但是,多数高校科技期

---

[1] 郝勇.影响我国实行"开放存取"模式的因素分析.现代情报,2006(12).

刊还是处于分散、封闭、学术质量不高、竞争力较弱的状态。高校科技期刊传统的出版模式已不能适应现代科技的发展。

4.3.5.1 传统出版模式下的高校科技期刊

(1)发表周期长、载文量有限

中国科学技术信息研究所2003年对1 411种国内科技期刊进行了统计调查,结果表明论文平均发表周期是7.89月。而高校科技期刊比平均数还长,如入选2003年度百种中国杰出学术期刊的高校学报的平均发表周期是8.44月。高校科技期刊发表周期长的主要原因是审稿周期和待发周期长。我国科技期刊大多采用三审制,审稿专家因为学术活动繁忙,使超期审稿、拒绝审稿、委托审稿和敷衍审稿的现象时有发生,审稿效率低一直是困扰科技期刊的主要问题之一[1]。待发周期是稿件通过终审到发排的时间,在稿件储备多而版面有限的情况下,论文只能延迟发表。一篇文章如果在1~2年后才发表,文中的新观点基本失去了参考价值,文章失去了意义。期刊及其论文也就失去了读者,作者也不会再选择这个期刊。

(2)信息化程度低、传播渠道狭窄

调查发现,虽然高校科技期刊编辑部都配备了计算机,但是建有自己网站的不到50%。很多编辑部对"网络版"和"网站"还认识不清,有关网络出版的概念,高校科技期刊编辑部的编辑们尚不清楚。高校科技期刊印刷版的发行量(确切地说是交换量)一直很低,且受纸张等原材料价格增长的影响,期刊价格逐年走高,这在一定程度上,加剧了高校科技期刊的"学术交流危机"。虽然,高校科技期刊大多数被中国知网、万方数据和维普资讯所收录,但是这些期刊都有两个月左右的出版时滞,而且它们不是公共信息资源,所以没有提供开放访问。高校科技期刊较长的出版周期、有限的载文量和狭窄的传播渠道已不能有效地服务于现代社会的学术交流和传播[2]。

---

[1] 赵军平,姚远.高校科技期刊信息化建设现状调查.编辑学报,2007(2).
[2] 张莉,张凤莲.缩短发表时滞提高论文的时效性.编辑学报,2006(5).

4.3.5.2 科技期刊的OA出版模式

开放存取的基本特征是信息数字化、在线出版和传播、免费获取（全文）和赋予用户广泛的使用权限。一些著名的传统出版机构也参与了这一出版模式。如2005年1月,牛津大学出版社将享有盛誉的NAR(Nucleic Acids Research)杂志转换成完全的OA出版模式。Elsevier、Springer、BlackWell、John Wiley & Sons纷纷对其出版的期刊采取让作者选择OA的出版模式。这种新的期刊运行模式,为科技期刊处于相对落后状态的国家带来了发展契机。我国高校科技期刊的非营利性和有经费保证的特点决定了其非常适合采用OA出版模式[1]。

为缩短期刊的出版周期,一些国外OA出版平台实行了"在线预出版"模式。一种是已经过同行评议而被期刊接受,未经正式排版的文章,称为Article in Press,Online Accepted Articles等;另一种为在线提前出版的文章(已正式排版,印刷版尚未出版的文章),称为Online First,Online Early Articles,Accelerated Articles等。一般认为,文章在线日期即为正式出版日期,每篇文章都有一个唯一的DOI标识符。[2]

4.3.5.3 同行评议的新形式

常规的同行评审较耗费时间,而只有两三个评审人意见的,则会产生评审的片面性。因此,一些出版机构从期刊发展的角度出发,针对网络环境下的学术交流模式,已经在考虑包括公开评审和发表后评审在内的新的评审形式。2006年出版发行的PLoS One开创了作者、读者、审者网络互动、在线即时交流的新模式,即文章在发表的同时,读者可以在线提交自己的点评、参与讨论,作者可以在线回复。这意味着文章发表后,真正的评审才开始,使同行评议不再只是科学出版的一个环节,而是能够出现在出版的流程上,甚至贯穿于科学出

---

[1] 维红,任胜利,王应宽等.国外科技期刊开放存取网络平台.中国科技期刊研究,2007(1).

[2] 维红,任胜利,王应宽等.国外科技期刊的在线出版——基于对国际性出版商和知名科技社团网络平台的分析.中国科技期刊研究,2008(6).

版的整个过程中。

4.3.6 开放存取期刊（OAJ）的成本分析

为了描述期刊生产过程中产生的成本，我们需引入一个术语——第一副本成本（First-Copy Costs）。这是成本估计中一个很重要的概念，指把给定论文副本加工成在期刊中出版所需要的状态所花费的成本。

对于期刊论文，出版机构必须将论文的副本提交图书馆存档，类似于国内图书出版的呈缴本制度。第一副本成本在固定成本中占有很大的比重。第一副本成本通常的估值范围在250～2 000美元，但是也有高达4 000美元的。Bergstrom估计国际知名经济学期刊的第一副本成本为1 200～2 400美元，但认为实际值应取其下限值。Dryburgh调查小型出版者的结果表明，第一副本成本为350～2 000美元，平均值为750美元。据Tenopir与King估计，第一副本成本为1 545美元。主要的高质量期刊出版者的第一副本成本为2 200美元，中等质量期刊出版者的第一副本成本为350美元，对应质量电子版的第一副本成本分别为2 000美元和475美元。据估计，主要出版机构出版高质量期刊的平均第一副本成本大约为1 500美元。如著名的OA期刊PLoS Biology的第一副本成本大约为1 067美元。在期刊出版过程中，有些期刊因为一些特别的出版行为而产生一个追加成本。特别是高质量的学术期刊会产生更高的同行评审费用，这主要是因为高质量期刊的论文的退稿率很高，学术期刊的平均退稿率一般是40%，而高质量学术期刊的退稿率达到了90%。

可以把论文提交费分开，即论文的评审总成本包括接受与退稿论文的费用，有的期刊不收评审费，只向接受发表论文的作者收取发表费；退稿的费用依靠发表论文的作者付费分担。但有的期刊则对所有投稿收取评审费，对通过评审接受发表的论文作者再收取发表费。评审费用占第一副本成本的40%或总成本的22%。国外一般对中等质量期刊的论文收取费不高于175美元。对于退稿率为90%的期刊,若每篇投稿的提交费为175美元,则每篇论文的同行评审费用估计为1 750美元,每篇文章的发表费为250～750美元,总的发表费为500～2 500美元,总成本约2 000～2 500美元[1]。

国外同行专家审稿是志愿者行为,一般不支付审稿费。评审费主要是指稿件的接收、发送、传递、跟踪、管理等的费用。而中国科技期刊的审稿一般要向专家支付审稿费,一般为每篇50～150元,同时还收取稿件传递与管理费。中国期刊对每篇发表的论文收取作者版面费也一般为500～2 500元,而大部分学术期刊取中间值,即1 000～1 500元。

"表4-1"[2]和"表4-2"[3]分别是两种出版模式下成本要素的成本估计与各种成本在总成本中所占比例。从"表4-1"可以看出,基于订购的传统期刊模式和开放存取期刊模式下的第一副本成本是相同的,前者的固定成本略低于后者,而可变成本却远大于后者,致使总成本差异很大。计算结果和Wellcome的研究报告均表明,开放存取期刊的总成本平均比传统印本期刊的总成本低30%,而研究成果的开放存取出版总成本只占项目研究经费的1%。第一副本成本在固定成本和总成本中所占比例不同。在传统订阅期刊成本中,第一副本成本大约为固定成本的90%,占总成本的55%;在开放存取期刊的成本中,第一副本成本大约为固定成本的82%,占总成本的75%。

由"表4-2"可知,基于订购费用的传统模式固定成本(还包括一些与生产无关的固定成本)占总成本的60%,而开放存取出版固定成本(除发行成本外)占总成本的90%。可变成本作为总成本的一部分,很难给出一个估值,因为可变成本随着期刊发行量的变化而改

---

[1] Wellcome Trust Report. Costs and business models in scientific research publishing[R/OL]. SQWLimited, April2004. http://www.wellcome.ac.uk/assets/wtd003184.pdf.

[2] 李武,杨屹东.开放存取期刊出版的发展现状及其影响分析.图书情报工作,2006(2).

[3] "开放获取与促进学术出版"国际研讨会综述.图书情报工作动态,2003(1).

变。期刊的发行量越大,可变成本就越高;高发行量期刊的价格越低,意味着每个发行单元的固定成本就越低。但低价格并不意味着低利润,出版实践中,通常高利润产生在低价格、高发行量的基础之上。

从"表4-1"和"表4-2"可以看出:对于高质量的期刊,一般从8篇评审的论文中选择录用1篇,因此论文提交费是1400美元;而中等质量的期刊一般是从每2篇评审的论文中录用1篇,因而提交费较低,为350美元。

表4-1 两种出版模式下成本要素的成本估计

成本要素	传统期刊成本		开放存取期刊成本	
	高质量期刊	中等质量期刊	高质量期刊	中等质量期刊
第一副本成本/每篇文章	$1500	$750	$1500	$750
固定成本/每篇文章	$1650	$825	$1850	$925
可变成本/每篇文章	$1100	$600	$100	$100
总成本/每篇文章	$2750	$1425	$1950	$1025
可能的论文提交费	—	—	175	175
总的提交费	—	—	1400	350
可能的发表费	—	—	550	675

表4-2 两种出版模式下各种成本在总成本中所占比例

传统期刊成本		开放存取期刊成本	
成本要素	成本比例	成本要素	成本比例
1.同行评审费用	22%	1.同行评审费用	40%
2.编辑和排版	33%	2.系统维护费用	15%
3.订购管理	7%	3.付费系统管理	15%
4.期刊生产和发行	23%	4.其他固定成本	20%
5.零售和行销	13%	5.期刊发行	10%
6.作者费用	2%	6.总成本	100%
7.总成本	100%		

对于发行量大、流通率高的期刊,订购通常包含复本,因此,每个

发行单元的固定成本相对低一些。而发行量小、流通率低的专业期刊因为用户较少,固定成本在总成本中所占的比例较高,因而价格可能更高,但总利润相对更低。因为可变成本能很容易地包含在订阅费用里面,因此,对于出版机构来说,问题的关键在于管理好固定成本。

出版者生产的产品主要是期刊,其内容包括原创的研究成果和其他内容(有时指增值内容),如社论、通讯、教育和综述文章、一般性新闻和评论。越来越多的出版者已经不仅仅局限于单独提供期刊了,还提供一种基于协议销售的相互链接的期刊,即大宗销售(Big Deal)期刊。其他产品还包括预印本、后印本,是以不同的价格提供给消费者的产品或服务。

"表4-1"和"表4-2"中的成本要素及其所占比例的数据可供估算中国开放存取期刊的成本时参考。其中同行评审费差别较大,国外的同行评审专家大都是志愿劳动而不需支付报酬,所发生的费用主要是管理费用;而中国的出版者都支付专家审稿费,每篇30~200元不等,因此,同行评审费用所占的比例可能更高。

4.3.7 开放存取期刊(OAJ)的质量分析

20世纪90年代末,在国际学术界、出版界、图书情报界的推动下,并借助于互联网的普及、电子出版技术的提高和互操作协议的完善,开放存取(Open Access,OA)运动开始兴起。按照"布达佩斯开放存取倡议书"(Budapest Open Access Initiative,BOAI)的规定,对某文献的开放存取意味着用户可以通过Internet对其进行免费获取。这迎合了广大网络用户倾向于免费使用网络资源的要求。但是,免费常常意味着不是最好的,如果单纯从免费的角度来推广OA,并不是最佳的策略。对用户而言,信息的质量和数量是决定信息搜索满意度的首要因素,作者在投稿时,也会首先选择"质量好"的期刊。所以,OA虽然加快了出版速度、且可以免费获得,但如果不以保证质量为前提,这种速度和免费的价值也是不大的。目前,世界各国的OA

创办者对自身网站的 OA 期刊(OA Journals)和 OA 仓储(OA Repositories)都有不同目标的质量把关标准。本书对它们的学术质量控制情况分析如下[1]。

(1)OA 期刊简介

OA 期刊通常指的是实施同行评议的免费学术性电子期刊。作为最主要的开放存取实现方式之一,OA 期刊得到科技出版界的广泛响应。至 2009 年 9 月,由瑞典 Lund 大学图书馆创建和维护的开放存取期刊列表(Directory of Open Access Journals,DOAJ)收录的 OA 期刊有 4 636 种,涵盖农业和食品科学、生物和生命科学、化学、历史和考古学、法律和政治学、语言和文献等 17 个学科领域。[2]《柏林宣言》提倡对 OA 出版物进行动态认识和终身评价,即把它放在读者中,让时间去检验。有一种反对意见认为,OA 期刊采用了"作者付费出版"方式,可能导致只要作者原意付费就可以出版论文,而最终导致大量垃圾论文的出版情况。为了反击这种看法,目前,绝大部分 OA 期刊都在执行严格的同行评审制度。

(2)质量控制实例介绍

①科学公共图书馆。美国科学公共图书馆(Public Library of Science,PLoS)是成立于 2000 年 10 月的非赢利性组织,它提供学术期刊的免费在线服务。《PLoS Biology》是 PLoS 于 2003 年 10 月创办的一种生物学领域的 OA 期刊。《PLoS Biology》定位于学科领域的高端期刊,力争赶超 Science、Nature 和 Cell 三大传统生物医学领域的一流期刊,因此实施严格的同行评审制度,进行有效的质量控制。2005 年,《PLoS Biology》的影响因子就达到了 13.9,在所属子学科的 64 种期刊中排名第一。为了维持期刊的基本运行费用,除了依靠慈善资助外,《PLoS Biology》采用作者付费模式,目前的收取标准是每篇研究论文为 $2 500。但是 PLoS 明确指出,论文质量是决定出版与

---

[1] 樊华.开放存取资源的质量分析.高校图书馆工作,2007(1).

[2] http://www.scientific.thomson.com/media present repes says pdf. open aceess eitations2. pdf.

否的唯一标准,对于来自发展中国家或没有科研经费的作者,可以降低甚至免除出版费用。为了缓解财政危机,PLoS 于 2006 年 12 月开始在线出版《PLoS One》,该期刊实行一种"轻度"同行评审("Light" Peer-review)制度,即论文被发向 500 名研究人员组成的编辑委员会,他们会选择亲自审稿,或者将文章发给他们选择的审阅人。编委会成员大都对该期刊的整体质量持肯定态度。目前,PLoS 出版了 8 种生命科学与医学领域的 OA 期刊。

②生物医学期刊出版中心。英国的生物医学期刊出版中心(Biology Medicine Central,BMC)成立于 1999 年,是生物医学领域的一家著名的独立在线开放使用的出版机构。其所刊登的研究论文均经过同行评议,评审的具体形式由期刊编辑部决定。对于 BMC 医学领域的所有论文,评审人员都要在其论文后面署名,且论文的初稿、评审人员的意见、作者的修改稿连同论文的终稿都要求同时在网络上发布。另外,BMC 还跟踪论文的引用情况,并采用将论文被引次数与编辑、同行评审意见相结合的方式来评估每篇论文的重要性。目前 BMC 已经出版了 170 多种生物医学方面的 OA 期刊。

③学术出版与学术资源联盟。学术出版与学术资源联盟(Scholarly Publishing and Academic Resources Coalition,SPARC)创建于 1998 年 6 月,由美国研究图书馆协会管理,是集大学、研究图书馆和学术机构为一体的非赢利性的信息合作组织。该机构通过与著名学会、协会和大学出版社合作,直接吸收优秀的编辑和专家进行质量控制,以此来提高期刊的影响力和被认可程度。1999 年,SPARC 与美国化学协会合作出版了一有机化学领域的 OA 期刊《Organic Chemistry Letters》,仅一年时间,其影响力就超过了 Elsevier 出版的《Tetrahedron Letters》。这种合作出版的方式在质量控制方面也被证明是行之有效的[1]。

④萨里大学的期刊管理系统。OA 期刊的同行评审制度正在向

---

[1] 李武,杨屹东.开放存取期刊出版的发展现状及其影响分析.图书情报工作,2006(2).

自动、客观、公开的方向发展。比如英国萨里大学开发的 EPRESS 系统就具有智能化的同行评审功能。该期刊管理系统存储有作者和评审者的相关资料,包括他们过去发表的文章和已做出的评审结果等,并且可以根据评审质量对评审人员进行排列。根据这些资料,系统可以发现潜在的评审者,确定评审人员。评审人员通过电子邮件或网络表格向系统发送评审结果,系统接受结果,并将其记录在评审者资料中,经编辑评审后,链接到相应的文章中,自动将评审结果发送给文章作者。

4.3.8 开放存取期刊(OAJ)的影响力分析

4.3.8.1 利用 JCR 数据分析 OAJ 影响力

JCR 是一个独特的多学科期刊评价工具,它是唯一提供基于引文数据的统计信息的期刊评价资源。JCR 有多个评价指标,本书选取影响因子和立即影响指数这两个与 OAJ 影响力密切相关的指标进行介绍。

为了调查 OAJ 近年来的 JCR 具体变化数据,人们只能通过 ISI 于 2004 年发布的官方 OAJ 影响力报告[1]中的 OAJ 列表,追溯当年被 ISI 索引、并已确定以 OA 方式出版的期刊目录;再将之与 JCR 2004 版 Biology 类目的期刊目录相比照,找出当年 SCI Biology 类目中收录的 OAJ,如"表4—3"所示[2]。目前可获取的最新 JCR 数据为 2006 年版的数据。我国学者王云娣试图通过跟踪这些 OAJ 2004 年至 2006 年间两项指标的变化,分析其影响力的变化情况。

---

[1] 马景娣.社会科学开放访问期刊及其学术影响力研究.情报资料工作,2005(2).

[2] 刘海霞,方平,胡德华,等.开放存取期刊的质量评价研究.图书馆杂志,2006(6).

表4-3 2004年SCI Biology类目中收录的OAJ概况

在该类所有期刊中的排名	简称	全称	国别	语种	出版频率(期/年)
1	PLoS BIOL	*PLoS Biology*	美国	英语	12
16	BIOL RES	*Biological Research*	智利	英语	4
31	JRADIAT RES	*Journal of Radiation Research*	日本	英语	4
33	JBIOSCIENCES	*Journal of Biosciences*	印度	英语	4
35	PJPN ACAD BPHYS	*Proceedings of the Japan Academy Series Bphysical and Biological Sciences*	日本	英语	10
43	BRAZ JMED BIOLRES	*Brazilian Journal of Medical and Biological Research*	巴西	英语	12
58	REV BIOLTROP	*Revista de Biologia Tropical*	哥斯达黎加	多种语言	3
62	BRAZARCH BIOLTECHN	*Brazilian Archives of Biology and Technology*	巴西	多种语言	4

2004年的SCI Biology类目中共收期刊64种,其中OAJ为8种,占12.5%。

(1)影响因子分析

影响因子(ImpactFactor,简称IF)是国际通用的学术期刊质量评价指标之一。可以将上述OAJ三年间的IF变化情况绘制成图,如"图4-1"所示。由于PLoS Biology的该值连续三年排名该学科第一,分别为13.868、14.672、14.101,大大高于其他期刊,若将其并入图中,会影响其他期刊的曲线图显示度,因此未并入下图[1]。

OAJ的IF必须与所属学科的该值相比较才能得知其影响力如何,因此以JCR中描述学科影响因子的两个指标——学科综合影响因子(Aggregate Impact Factor,简称AIF)和中值影响因子(Median Impact Factor,简称MIF)为依据来描述Biology学科的IF变化趋势。

前者表示某个学科领域里JCR出版年中该主题类目下文章的平均引用情况,后者表示某主题类目中按照IF由大到小次序排列后的

---

[1] 胡德华,常小婉.开放存取期刊论文质量和影响力的评价研究.图书情报工作,2008(2).

正中间期刊的影响因子。该类目下其他期刊通过与 AIF 比较,可得知其影响力是否达到学科的平均水平;同 MIF 的比较,则可得知其 IF 的位次是属于靠前还是靠后。

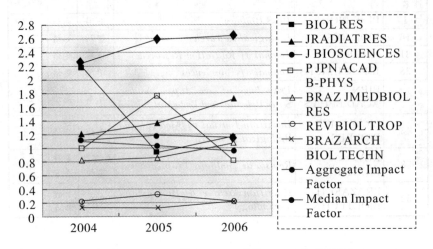

图 4-1　2004—2006 年 SCI Biology 类中 OAJ 的 IF 变化趋势

从具体 IF 数值来看,只有 IF 排名第一的 PLoS Biology 的影响因子是高于 AIF 的,而三年来一直高于 MIF 的仅有 2 种。这说明各种 OAJ 间的影响力差异还是很明显的。PLoS Biology 自创刊以来,其 IF 一直蝉联榜首,而其他大部分 OAJ 还落后于学科平均水平。该刊的成功从另一个方面证明,OAJ 是能产生巨大影响力的,其关键不在于是否采用 OA 机制,而在于 OAJ 的质量控制和运营机制。

从 IF 发展变化来看,有 3 种期刊的 IF 三年来一直不断攀升,1 种是持续下降;另有 3 种在 2004 年至 2005 年间,则处于上升状态,而在 2005 年至 2006 年间处于下降状态;余下 1 种期刊则与之相反。Biology 整个学科的 IF 三年来一直在上升,而 MIF 则是先升后降。笔者认为某种 OAJ 的 IF 变化若符合该学科 AIF 或 MIF 的变化趋势,即可认为该期刊与其所属学科总的 IF 变化趋势一致。以上数据显示,在 Biology 学科的 8 种 OAJ 中,有 7 种即 87.5% 的期刊符合上述条件,说明 OAJ 影响因子的发展趋势与学科总体发展趋势大体一致,这也说明 OAJ 的影响力较之其他传统期刊有相似之处。

(2)立即影响指数分析

OAJ 的特点之一是使出版的时滞和过程缩短,使最新科研成果及时公开。而最新研究成果往往能很快成为人们关注的焦点。按此推论,假设 OAJ 的时效性是较强的,那么,它就会被很快传播并引人关注。JCR 的另一重要指标立即影响指数(Aggregate Immediacy Index,简称 AII)是反映期刊受关注的速度、验证期刊时效性的指标。该值越大说明该刊引起人们关注的速度越快,期刊的时效性越强,在当年就会产生迅速的影响。因此笔者试图通过调查 OAJ 的 AII 来证明以上假设,如"图 4-2"[1]所示。

PLoS Biology 的 AII 三年来也排名榜首,且大大高出其他期刊,分别为 2.704、3.734、2.667,若并入图中,会影响其他期刊数值的显示度,故在此单独说明。

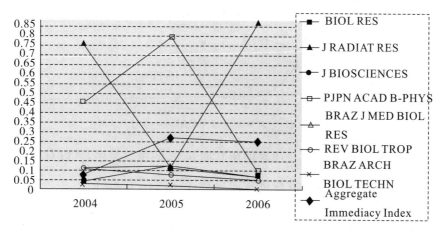

图 4-2 2004—2006 年 JCR Biology 类中 OAJ 的 AII 变化趋势

比较整个学科和 OAJ 的 AII 数值发现,三年来曾高出学科 AII 的 OAJ 共有 4 种。从变化趋势上看,三年来 Biology 学科的 AII 呈连续下降趋势。OAJ 中有 3 种连续下降,1 种连续上升,包括 PLoS Biology 在内的 4 种有升有降,即 8 种中的 5 种 OAJ 的 AII 优于整个学科的发展。这说明 OAJ 确有该值上的优势,时效性较强,其发表的成果能较快地产生影响。

[1] 傅蓉.开放存取期刊及其影响分析.图书馆论坛,2007(4).

4.3.8.2 利用著名OAJ目录分析OAJ影响力

Open Science Directory为目前收录OAJ最多的站点,共收录了13 000余种。有人对SCI2006版Biology类中的65种期刊逐一在该目录中检索,以了解当前该类目下OAJ的数量。结果显示,SCI Biology类中三年来收录期刊的总量未变,但其中OAJ的数量由最初的8种上涨到目前的46种,其数量可谓大规模增长。而且这些期刊都达到了SCI的选择标准,因此可以说是高质量的OAJ在大规模增长。这说明OAJ的质量很高,影响力也很大,也说明学术期刊以OA形式出版是一种趋势。结果如"图4-3"所示[1]。

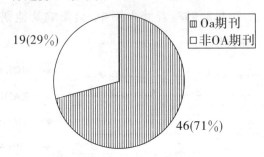

图4-3 SCI2006版Biology类中OAJ与非OAJ的比例

根据2006年该类目收录的所有期刊IF的排名顺序,可以对OAJ和非OAJ的排名进行分段统计而得到"图4-4"[2]：

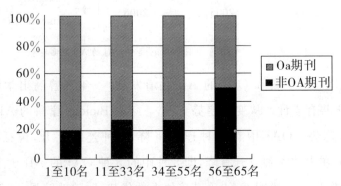

图4-4 SCI2006版Biology类中OAJ与非OAJ的排名分布

---

[1] JournalIndexing. http://www.biomedcentra.lcom/info/libraries/inde xing
[2] 刘辉.开放获取期刊的现状与评价分析.图书馆建设,2006(4).

"图4-4"表明,在该学科 IF 前10名的期刊中,有80%的为OAJ,排名倒数10名的期刊的 OA 化程度最低。这表明 OA 运动的影响在不断扩大,越来越多的顶级期刊都加入到了 OA 运动中;OAJ 在数量上持续增长的同时,质量也越来越高,同时也说明 OA 出版模式是可行的。

4.3.8.3 利用 OA 出版者的统计数据分析 OAJ 影响力

BMC 是一家提供经过同行评审的生物学、医学论文开放出版的独立出版机构。它除了将其出版的所有论文全部及时存入 PubMed Central 和多个学术资源库,如 Google Scholar、OAIster、Scirus 等外,还允许作者将已发表的文章存入任何适当的数字资源库。此外,BMC 所有杂志的论文都采用 Scopus 和 Google Scholar 进行跟踪统计,以便作者查看其论文的被引情况。

至2008年7月15日,BMC 已出版187种经过同行评审的生物医学方面的期刊,其中63种被 ISI 索引。由于 ISI 只对其收录3年以上的期刊计算 IF,因此目前 BMC 出版的期刊中的28种有 ISI 官方 IF。此数据表明该出版社出版的期刊中已有34.05%的期刊被 ISI 索引,15.14%的期刊被 ISI 连续收录三年以上。说明 BMC 已成为出版高质量的 OAJ 的重要力量[1]。

除此之外,BMC 每年都会对其出版的暂无官方 IF 的期刊按照 ISI 的计算方法计算出其非官方 IF。该值的最新数据是2006年版,它显示出 BMC 出版的期刊影响力有了显著提高。例如,其两种标志性杂志 BMC Biology 和 BMC Medicine 的 IF 有了明显的提高,2005到2006年间,前者由3.81上升到4.43,后者由2.52上升到4.17。其他该值上涨显著的期刊还有:Journal of Neuro information(4.36)、Retrovirology(4.32)、Cardio Vascular Diabetology(4.00)等5种,其非官方 IF 值均在3.3以上。整体来看,2006年 BMC 出版期刊的官方 IF 平均值比2005年高出0.8,由2.4上升到3.2,同年非官方 IF

---

[1] Increased citation impact for BioMed Central journals. http://www.blogs. open access centra. lcom/blogs/bmc blog/ entry/2007-04-17.

平均值也上升了0.39。[1] 这些数据都充分证明OAJ被ISI索引种数逐渐增多,IF也在逐年提高,其影响力正在不断提高。

4.3.8.4 利用图书情报学领域著名OAJ分析OAJ影响力

在图书情报学领域,OAJ的影响力也在稳步上升。通过检索《乌利希国际期刊指南》发现,2001年至2006年间,该指南收录图书情报学OAJ种数分别为53种、61种、66种、74种、78种和80种。从期刊数量上看,自2001年起,该指南收录的图书情报学OAJ在稳步增加。

从质量上看,部分图书情报学OA期刊质量超过了传统的学术期刊,如数字图书馆领域的D-Lib Magazine。[2] 该刊由美国国家科学基金会(NSF)等机构资助,主要关注全球数字图书馆领域的研究与发展情况,为纯网络版期刊,每年出版6期;其所有论文全文均可免费供用户阅读与下载。美国十大数字图书馆专家都在该刊上发表过论文,可见该刊的影响力之大。这些专家是William Y. Arms、Christine Borgman、Hector Garcia-Molina、EdwardA. Fox、CarlLagoze、Michael Lesk、Rich-ard Lucier、Clifford Lynch、Gary Marchionini和Bruce Schatz。该刊采用的是编辑评审的方式,美国十大数字图书馆专家之首的William Y. Arms就是该刊的编辑,他说:"数字图书馆领域最好的研究成果首先是发表在D-Lib Magazine上,而不是发表在同行评审期刊上。"同时他还认为,期刊只要有一个合理的编辑结构,不需要同行评审也能保持高质量[3]。该刊已被公认为数字图书馆研究领域最著名的期刊。

以上分析显示OAJ的质量和影响力在不断提高,越来越多的高质量期刊正在逐渐转向OA出版。

---

[1] 潘琳.OA期刊的来源、分布与质量分析研究.图书馆理论与实践,2007(1).

[2] D-Lib Magazine. http://www.dlib.org.

[3] William Arms Presentation. http://www.lib.berkeley.edu/LAUC/Conference/Arms.html.

4.3.9 开放存取期刊系统软件[1]

(1)DSpace

Dspace是麻省理工学院和HP公司联合开发的一个开放源代码软件,管理和发布由数字文件或"数字流"组成的数字条目,并允许创建、索引和搜索相关的元数据,以便定位和存取该条目。Dspace实现了对学术机构研究成果的获取、标引、发布、永久性保存及开放访问服务。它采用数字对象技术,实现对文本、音频、视频、图像等多种信息的存储与内容管理,如采用OCLC的OAICAT技术实现对OAI—MHPv2的兼容,采用CNRI的Handle系统建立唯一标识符框架等。Dspace有如下特点:第一,它是一个开放获取库。Dspace建立的目的就是为了获取、保存和传播MIT教师和研究人员的知识成果,并使用户通过一个界面来访问整个机构的数字作品。据报道,该系统具备处理该校教师和研究人员每年完成的总计1万多份数字化科研成果的能力,涉及期刊论文、技术报告、会议文献、工作底稿、预印本、电子学位论文等。第二,支持多样的数字格式和内容类型。Dspace支持的数字格式有文本、图像、音频和视频等。第三,访问控制。允许提交者对所提交的内容进行访问控制。第四,检索与查询。Dspace用Dublin Core元数据方案描述每个提交内容,并将结果储存到关系库中,通过搜索引擎利用关系库检索条目。第五,利用开源软件。这意味着其他用户不必支付软件的使用费,通过对该软件的利用或改造就能创建自己的系统,并与其他用户相连接。

Dspace正在向剑桥大学、康奈尔大学、哥伦比亚大学、多伦多大学等学校拓展业务。Dspace系统定义的基本概念包括:第一,数字空间社区(Community)。数字资源来源于不同的组群,如大学的院系、实验室,图书馆的采访、编目等部门,这些依据不同的授权完成不同任务的组群称作"数字空间社区"。第二,电子用户(E—people)。

---

[1] 刘廷元,任皓,赖启正.学术信息的开放获取模式.图书馆杂志,2005(3).

Dspace的用户可能是学生、教师,也可以是计算机系统。第三,工作流(Workflow)。这是Dspace的运作方式,数字材料和元数据在被接受之前需经过事先设定的流程审核步骤,只有通过审核的文档资料才能存储到系统中。第四,信息订阅(Subscription)。用户可以向Dspace发送订阅请求。在新资料到来时收到带有内容提要的E—mail通告。

Dspace在结构上分成三个层次。最上层是应用层,包括一些与外部交流的组件。中间层是事务逻辑层,主要用来管理数字资源、句柄(Handle)、电子用户、认证和工作流。底层是存储层,负责元数据和内容的物理存储。Dspace采用分级权限模式管理,如匿名用户可以通过Web对其访问而进行检索和浏览,授权用户还可以将自己的材料提交给Dspace储存。

(2)Eprints

Eprints是使用最多,分布最广的开放存取软件,是由英国Southampton大学开发的面向研究机构学术信息的开放获取库软件,兼容OAI技术,可以免费下载。该项目最初由Cog Prints主办,现在由英国JISC作为其"开放引用工程"(The Open Citation Project)的一个组成部分与国家科学基金会(The National Science,简称NSF)共同举办。Eprints的目的是帮助学术机构开放获取其研究结果,增加研究结果的可见度,扩大机构的影响力和威望。虽然Eprints的默认结构是机构OA库,但是也可以用来建立学科主题型的机构库。Eprints的特点是:第一,可修改。利用软件提供的模块可以增加新的工具。第二,可存储多种文档格式。软件可以存储任何作者希望的文档格式,并且单个文章可以多格式存储。第三,可兼容各种元数据模式。第四,提交界面功能强大。所有文章的提交都是通过一个简单而且功能强大的WWW界面进行的,所提交的文章可以作为文件上传,也可以作为一个压缩文件上传,或者通过指定URL而从已有网站自动映射。第五,自动化检索。对库中数据的完整性检索是由系统自动完成的,不需要管理者介入,这样就减少了管理者的工作量。第六,论文提交的缓冲过程。所有提交的论文都先被放在一个缓冲器里,在缓冲器里,这些论文可能会被接受,也可能会被拒绝,或者发送回作者,让其修改。该过程也是通过www界面来执行的。

(3)CDSWare

CDSWare由欧洲核子研究中心(Europen Laboratory for Particle Physics,简称CERN)研发、维护和使用。CDSWare是用来管理学科/主题OA库、在线图书馆书目和网络文件系统的软件,它遵循OAI元数据收割协议,并利用MARC21作为基本的书目著录标准,是一个免费的软件。CDSWare目前管理了350多个数据集,包含55万多条书目记录、22万多篇全文文献,涉及预印本、论文、图书、期刊、照片等。CDSWare的特点是:第一,结构化的界面。该界面可以用于不同的数据库。第二,功能强大的搜索引擎。CDSWare中的搜索引擎与Google相似。第三,个性化用户服务。系统为用户提供文献的电邮通告。第四,电子提交和下载的文献类型多。

(4)Creenstone

Creenstone由新西兰Waikato大学的新西兰数字图书馆工程开发,并与联合国教科文组织及人类资讯非政府组织(Human InfoNG00)一起合作发行。Creenstone遵循GNU General Public License许可协议,是一个面向全球、基于Unicode编码、支持多语言的开放软件。Creenstone提供了一种新的信息组织并通过因特网利用的方式。信息收藏由大量的文件和一个针对这些文件的统一界面组成。Creenstone可以管理多个数字化的收藏,每个收藏的结构取决于其对应的配置文件。Creenstone系统是一套用于创建、管理及发布数字图书馆馆藏的软件包,提供了一种组织信息并在因特网或CD—ROM上发布的新方法。Creenstone数字图书馆软件包的主要目的是为了帮助用户利用信息系统,特别是帮助在大学、图书馆及其他公共服务机构里的用户来创建自己的数字图书馆,鼓励信息的分享和公共使用。

(5)ARNO

ARNO的目的是为了提供一种能够创建、管理和揭示OAI为元数据标准的机构库。它把不同社区的元数据和元数据所对应的内容统一到一个文件库中,各个文件库再组成一个机构库。反过来,机构库又可以通过使用 OAI 协议的元数据收割标准而被收割。虽然 ARNO 作为一种内容管理工具有很强的灵活性,但它并不能提供一种自主式的机构库系统。这说明 ARNO 技术系统还不能提供一种成熟的用户终端界面。

(6)MyCoRe

MyCoRe 来源于德国埃森大学的多媒体技术与学习主机(Muhimedia Teaching and Learning Server,简称 MILESS)项目,它能提供一种支持数字图书馆和解决文档库的软件包。这个软件包的结构设计灵活,无需单位的具体规划就能适应要求,因此被称为"My"。MyCoRe 数据模型是可以配置的。MyCoRe 提供了一种样本应用软件,向用户说明如何运用元数据配置文件建立自己的机构库。其技术包含了建立一个机构库所需的基本功能,如跨库式的分布检索、OAI 功能、支持流动式的视频、音频、文件管理、在线元数据编辑等。MyCoRe 并未针对特定的数据库进行严格编码,仅提供一种可持续发展的接口。除了应用于开放资源数据库体系,MyCoRe 还支持 IBM 商业性的内容管理系统,这个系统能够用于更大范围的机构库之中。

(7)I—Tor

I—Tor 是用于开放式机构库中的一种技术和方法。它由荷兰科技信息服务协会(Institute for Scientific Information Services,简称 NIWI)的创新技术应用部开发。其目标是实现一种"数据独立"的机构库。机构库的资料内容和用户界面就是这个系统的两个独立部分。I—Tor 既提供 OAI 服务,能够收割使用 OAI 数据收割标准的机构库和其他类型的数据库,同时也直接提供 OAI 数据。I—Tor 传播来自不同数据库、文件系统和因特网站点的资料,由于其支持的机构库资源类型丰富,来源多样且数量庞大,因此该技术系统允许一个机构按自己的方式自由地组织机构库。正是由于这种设计,I—Tor 未统一规定机构库的工作流程,而是提供有助于机构按自身需要确立工作流程的一种工具。对于一个想在现成的不同数字资料库的基础上建立一个机构库的机构来讲,I—Tor 技术是个很好的选择。

(8)Fedora

Fedora 是基于 Web 的开放源码软件,是弗吉尼亚大学与康奈尔大学在基金会的支持下,基于灵活可扩展的数字对象知识库结构建立的一种复杂的数字对象知识库系统。它是一个通用的数字对象知识库系统,可用于构建机构知识库、数字图书馆、内容管理系统等多种目的。目前,Fedora 可以对 100 万个对象进行有效操作,可望增加政策执行、存储对象翻译等功能。Fedora 的界面由管理应用编程接口、存取应用编程接口、新改进的 http 网络服务的存取系统构成。Fedora 最显著的优势是实现了 Fedora 数字对换框架,具有良好的可扩展性,特别是适合管理多类型的、多层次的复合数字对象,并且支持元数据层面的互操作。

4.4 开放存取仓储(Open Access Repositories,OAR)

开放存取出版是近年来在学术出版领域出现的新的出版模式,而开放存取仓储是开放存取出版的主要实现途径之一,被称为"绿色通道",其产生和发展为学术出版和学术交流带来了深远的影响。

4.4.1 开放存取仓储(OAR 或 OAA)的含义

开放存取仓储(Open Access Repositories 或 Open Access Archives)库中的内容是作者通过"自存档"形式存入的。它一般是由一个机构(特别是大学)或者一个学科组织建立,用户可以免费在库中检索和下载文章,也可以对文章发表自己的看法。开放存取仓储不仅可以存放学术论文,还可以存放其他各种学术研究资料,包括实验数据和技术报告等。目前,有些 OA 仓储不仅存放预印本,而且也存放后印本。后印本是与预印本相对的一种电子文献类型,指已经在期刊上或其他公开出版物上发表的论文。OA仓储一般不实施内容方面的实质评审工作,只是要求作者提交的论文符合某一特定的标准格式(如Word文档或PDF文件),并符合一定的学术规范即可。从目前的发展情况来看,OA仓储主要有两种类型:一种是由机构创建的机构知识库,另一种是按学科创建的学科知识库。

绝大多数仓储库对两类文献均收录,但也有的开放仓储库只收录经同行评审、并正式发表的文献。如PubMed Central收录的文献全部为经过同行评审后的期刊论文(后印本),且只收录全文为英文的论文,不接收预印本文献,也不接收非英语文献;还有的只存储灰色文献,如欧洲的灰色文献开发联盟(European Association for Grey Literature Exploitation,EAGLE)。主要内容参见下图[1]:

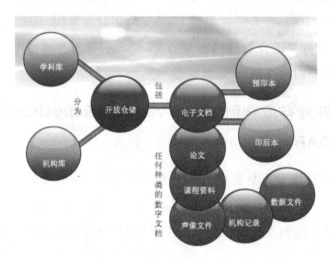

4.4.2 开放存取仓储(OAR)概况

(1)开放存取仓储(OAR)发展概况

开放存取仓储是BOAI倡导的第二种开放存取策略。开放存取仓储(Open Access Repositories或Open Access Archives)是免费的在线资源数据库,它不仅为用户提供免费检索和下载服务,同时也为

---

〔1〕 Directory of Open Access Journals. [EB/OL]. http://www.doaj.org/articles/about.

作者提供免费存储服务。从这个角度看,开放存取仓储是真正意义上的开放存取出版。开放存取仓储中的文章是未经过同行评议的、作者通过"自存档"(Self-Archiving)方式存入的。电子印本文档库(E-print Archive)是开放仓储的主要形式。电子印本(E-print)又包括预印本(Preprint)和后印本(Postprint)。预印本是指经同行评议和出版发表之前的任何版本,通常指提交给期刊时的版本;后印本是指经同行评议之后的任何版本。开放仓储要求作者及其代理人将论文的预印本和正式发表的论文后印本按照OAI的元数据标准存储在网络在线数字仓储库中,通过这种方式供大众免费获取和使用[1]。

近年来,自我存档型开放存取发展较快。据统计,90%以上的出版者允许作者在其版权协议条款允许的范围内进行自我存档。作者可以通过 SHERPA RoMEO 数据库查询出版者的自我存档政策和版权政策。自1991年创建ArXiv至今,开放仓储已经历了十多年的快速发展。已经建立的开放仓储目录表明了开放仓储的发展概况。据 Directory of Open Access Repositories(Open DOAR)统计,至 2008年10月25日,已有1 266个学科专业知识仓库,包括学科仓储(167)、机构仓储(1014)、综合型仓储(59)和政府数据仓储(26),涉及28个学科领域及交叉学科;采用60多种系统软件,但使用最多的两种软件系统是 DSpace 和 EPrints。另据 ROAR 开放仓储目录列表项目统计,至 2008年10月25日,ROAR 共有1 167个注册文档库。这些开放存取的知识仓库分布在70多个国家和地区,采用近20种系统软件,其中使用最多的软件系统为 DSpace 和 EPrints[2]。

不论机构仓储,还是学科仓储,开放存取仓储都具有许多共同特征:收集、检索、传播、存储数字化内容;数字内容的存档是累积的、永久性的和安全可靠的;均遵循互操作标准,并可被 Google 等外部搜索引擎跨库检索,接受各种不同文档格式的存档;文件均拥有持久稳定的标识符。更重要的是,大多数内容都是可以开放获取的。

---

[1] http://www.dspaee.org/.
[2] http://www.eprints.org/software/.

(2)开放仓储(OAR)的主要形式

电子印本文档库(E-print Archive)是开放仓储的主要形式。电子印本(E-print)又包括预印本(Preprint)和后印本(Postprint)。文档库(Archive),又称"仓储库"(Repository),有时两者可以通用,但使用前者较多,如"机构文档库注册"(Institutional Archives Registry)、"开放存档协议"(Open Archives Initiative,OAI)、"自我存档"(Self-archive)。[1]

预印本(Preprint)是指科研工作者的研究成果还未在正式出版物上发表,而出于和同行交流的目的自愿先在学术会议上或通过互联网发布的科研论文、科技报告等文章。与刊物发表的文章及网页发布的文章比,预印本具有交流速度快、有利于学术争鸣、可靠性高等特点。

与预印本相对应的是后印本。后印本是指经同行评议之后的任何版本。有时分为两种后印本:①指经过同行评议后但尚未进行编辑加工的版本,②指既经同行评议又经过编辑加工的版本。预印本与后印本的区别称作"校勘本"或"勘误表"(Corrigenda),因此,预印本加校勘本就相当于后印本,即 Preprint + Corrigenda = Postprint。有的出版商不允许作者进行后印本存档,则作者可以先存储论文的预印本,等论文正式发表后再补充勘误表,即预印本加校勘本的开放存档模式。

(3)开放仓储(OAR)分布概况

开放存取的存储内容(Repository Content)包括已发表的内容(Published Material),还包括灰色内容/文献(Gray Literature)。不仅包括期刊论文,还包括会议论文、研究报告、学术著作,甚至包括多媒体教学课件等。可以是已正式发表或出版的论文、专著,也可以是传统的无法通过正规渠道出版的各种研究资料,如试验数据、技术报告、工作文件、机构记录等。

---

[1] 钱国富,林丽.开放期刊(Open Journals)及其影响研究.图书与情报,2005(1).

根据 ROAR 的统计，至 2009 年 10 月 18 日，登记注册的开放存取仓储共有 954 个。而根据开放存取仓储名录 DOAR 的统计，共有 998 个开放存取仓储，范围包括 29 个学科领域和 42 个国家。还有越来越多的开放存取仓储项目正在建设当中。

开放存取仓储在全世界的分布很不均衡，其中数量最多的是欧洲和北美，占到 80% 左右。这与文化与科技发展的世界版图有一定程度的一致性。按国家考察得到的结果也进一步证实了这一点。根据 DOAR 的统计，美国的仓储数量最多，达到 260 个，占当前仓储数量的 28%。随后分别是德国、英国、澳大利亚、荷兰、法国、日本、加拿大。其他所有国家的仓储数量不到总数的 5%。从仓储所使用的语言来看，根据 DOAR 的统计，有 803 个仓储使用英语，即当前的开放存取仓储中有 83% 左右使用英语。使用德语的仓储有 130 个，占 14%；法语 65 个，占 7%；西班牙语 53 个，占 5%；荷兰语 40 个，占 4%；日语 34 个，占 3%；瑞典语 31 个，占 3%；意大利语 29 个，占 3%；葡萄牙语 19 个，占 2%；波兰语 9 个，占 0.9%。有 8 个仓储采用中文、芬兰语，分别占总数的 0.8%；有 6 个仓储采用加泰罗尼亚语、挪威语、俄语，分别占总数的 0.6%；有 5 个仓储采用丹麦语、希腊语，分别占总数的 0.5%；有 4 个仓储采用韩语、拉丁语，分别占总数的 0.4%；有 3 个仓储采用克罗地亚语、印第语，分别占总数的 0.3%；有 2 个仓储采用阿富汗语、希伯来语、匈牙利语、毛利语、乌克兰语，分别占总数的 0.2%；有 1 个仓储采用捷克语、冰岛语、卡纳达语、马来语、塞尔维亚语、斯洛文尼亚语、乌尔都语、意第绪语，分别占总数的 0.1%[1]。

从开放存取仓储的学科分布来看，有一半大型机构的仓储收录的学科种类十分全面（Muli—disciplinary）；一些工程类、农业类专科院校，以及主题仓储通常覆盖少数几个学科。

在过去的 20 年左右时间里，开放存取仓储发展势头良好，尤其最近几年几乎每天都有新仓储或仓储试点项目问世。但是在开放存取

---

[1] http://www.celestial.eprints.org/cgi-bin/eprints.org/graph.

仓储今后的发展过程中仍然面临诸如操作性问题、维护和可持续发展问题及法律问题等的挑战。

4.4.3 开放存取仓储(OAR)类型

开放存取仓储有按学科和主题聚集数字科学信息的主题仓储,典型的如物理学领域的 ArXiv(arxiv.ofg)和认知科学领域的 CogPrints(http://www.cogprints.ecs.soton.ac.uk);有由大学等机构集成本单位科研数字形成的机构仓储,典型的如美国麻省理工学院(MIT)的 DSpace(http://www.libraries.mit.edu/dspace mit/index.html)、美国佛罗里达州立大学图书馆的 DScholarship(http://www.dscholarship.1ib.fsu.edu)、英国南开普顿大学的 EPrints(http://www.eprints.soton.ac.uk)等。两种仓储所采用的系统软件基本上是一样的。例如,CERN 的仓储(CERN Document Server)既可以算是机构仓储,存取 CERN 的研究成果,又可以算是高能物理领域的主题仓储。这一点也体现在开放存取仓储目录 DOAR 和开放存取仓储记录 ROAR 中,它们都没有对两种仓储进行严格的区分。不过,DOAR 有一个主题仓储和机构仓储的分类统计,可以让人们大致地了解这两种仓储的数量比。[1] 至 2007 年 9 月 12 日,机构仓储,主要是高等教育和科学研究机构的仓储有 746 个,占总数的 79%;主题仓储 118 个,占总数的 13%;混合型仓储 52 个,占总数的 6%;政府仓储 14 个,占总数的 2%。这与目前人们认为机构仓储具备更好的发展势头和前景的看法是一致的。

4.4.3.1 开放存取仓储类型划分

因为开放存取仓储是基于所谓作者存档的模式,它不仅储存论文的预印本和后印本,也涉及其他几乎任何基于电子格式的学术内容,类型广泛,除了电子文本格式的资料外,还包括各种课件甚至多媒体声像资料等数字化资源。如各种工作文档、技术报告、会议录、

---

[1] 吴潭生,王锋.开放存取:学术信息交流的新模式.图书馆学研究,2007(8).

实验数据、电子演示文稿、多媒体文件和简单的网络文献。仓储强调自行提交、自行存储和自行管理的原则。早期的学科开放存取仓储仅限于自然科学领域,最近几年,社会科学和人文科学领域的开放存取仓储已经开始出现。机构开放存取仓库在学术交流体系中也扮演着关键的角色。从2001年俄亥俄州立大学的适应远程教育体系的知识库Knowledge Bank开始,机构开放存取仓库迅速发展,2004年初已经有超过5 000家的机构及图书馆共享由美国惠普公司与麻省理工学院(MIT)联合开发的DSpace系统。此外,美国佛罗里达州立大学图书馆的D Scholarship仓储、美国能源部的Information Bridge仓储等也有较高的知名度。

从目前的发展情况来看,开放存取仓储主要有两种类型:

一是由机构创建的机构知识库。它是采用易于网络检索的标准收集、存放某一学术机构(如大学、学术机构、图书馆)的学术文献的数据库。如由美国斯坦福大学图书馆创立的HighWire Press(http://www.intl.highwire.org),它是目前全球最大的提供免费全文的学术文献出版商,目前涉及生命科学、医学、物理学及社会科学等学科领域。另外,还有美国的佛罗里达州立大学图书馆的D Scholarship仓储和加州大学的E. Scholarship仓储。国内主要有中国科技论文在线、中国预印本服务系统、奇迹文库等。英国南开普敦大学的Steven Harnad含盖了机构仓储库的五大收藏目标:①本机构的研究成果,如预印本、后印本、学位论文;②数字资源的管理;③数字资源的长期保存;④教学资源的存储,如教案、笔记、手稿、图片等;⑤图书、期刊的电子版存储[1]。

二是按学科创建的学科知识库。它是采用一定的方便网络检索的标准收集、存放某一学科的可供互联网用户共享的学术文献信息资源的数据库。学科资源库、学科知识库是以学科为主线,对某个学科领域的各种类型的资源进行收集、整理、描述、组织、索引,以实现

---

[1] 钱国富,林丽.开放期刊(Open Journals)及其影响研究.图书与情报,2008(1).

对这些资源的长期保存和传播、共享及利用的开放存取仓储知识库。

4.4.3.2 学科仓储（主题仓储）

学科仓储（Subject Based Repository），也称作"主题仓储"，是指按照学科或者主题进行组织的开放存取仓储。其服务范围是针对某一学科领域或多个学科领域的所有研究人员，为他们提供免费的文献存取服务，以促进该学科的学术信息交流与共享。

20 世纪 90 年代初，出现了旨在让全世界读者能够免费、尽快地存取某一学科领域科研成果的电子预印本服务器（E-Print Servers）。这些服务器也叫做"仓储"（Repositories）或"档案库"（Archives）。它们成为传播初步的科研成果和未经同行评议的文献的非正式交流平台。

中国的电子预印本系统一般来说规模较小。1997 年，山东大学高能物理研究室提供的预印本服务（http://www.hepg.sdu.edu.cn/Serviee/preprint.html），可能是我国最早创建的电子预印本系统，但其规模很小，只是利用 Web 超链接功能建立了一些包含有论文预印本的外国网页。后来不断有一些小型电子预印本系统出现，如北京大学数学研究所从 1999 年开始收录数学领域的英文论文预印本系统（http://www.math.pku.edu.cn:8000/inst/preprint/index.php），它具备电子预印本系统的全部基本功能，用户可以浏览论文预印本的元数据记录，也可以从作者、标题、提交年代检索论文，还可以上传论文。还有如上海天文台图书馆的电子预印本（http://www.202.127.29.72/others/dzyyb.htm）、福建省科技信息研究所数字科技文献馆的论文预印本（http://www.szwxzx.fjinfo.gov.en/yyb.htm）等。这些专业电子预印本系统绝大部分集中在数学领域，规模较小，功能简单，但是收录范围集中，交流目标明确，因此在特定主题领域起到了比印本期刊更快速、更自由的学术交流效果。2000 年以后，中国出现了 3 家综合性的主题仓储：中国科技论文在线（http://www.paper.edu.cn/index.php）、中国预印本服务系统（http://www.prep.nstl.goven/eprint/index.jsp）、奇迹文库（http://www.qiji.en/eprint）。另外还有一些国外学术论文预印本的中国镜像站,如 ArXiv 在中国的数理科学电子预印本镜像库(http://www.xxx.itp.ac.cn)等[1]。

4.4.3.3 机构仓储

机构仓储(Institutional Repository,简称 IR),是近年来出现的新概念。所谓机构仓储又称"机构资料库"、"机构信息库"、"机构知识库"、"机构典藏库"等。关于机构仓储的定义,有一部分研究者们倾向于从数字资源集合的角度进行界定。如 Raym Crow 认为机构仓储是收集、保存一个或多个大学智力产出的数字资源集合。Foster 和加拿大研究图书馆学会(CARL,Canadian Association of Research Libraries)等学者和机构都持类似看法。还有一些学者从服务的角度来定义机构仓储。实际上,早在 Raym Crow 的《机构仓储现状》中就提到了机构仓储的两个层面,即内容层面和服务层面。2003 年,网络信息联盟(CNI,Coalition for Networked Information)的执行理事 Clifford A. Lynch 认为机构仓储是大学为其社区成员提供的一系列服务,这些服务包括管理和传播大学及其社区成员创作的数字资料;或者确切地说就是长期妥善保存、组织及传播那些数字资料。

机构仓储起步较晚,是继学科仓储之后产生的一种新型开放存取仓储,但发展速度很快。典型的代表是佛罗里达州立大学图书馆建立和维护的 D.Scholarship 仓储。由于机构仓储保证了机构自身产出的科研成果的完整性和连贯性,对于促进机构的发展有着积极的推动作用,因而得到了越来越多机构的支持。机构仓储已成为开放存取仓储的主要形式。

2001 年,俄亥俄州立大学高级行政官员和图书馆馆长约瑟夫·布兰宁在探讨开发远程教育体系时,提出建立俄亥俄州立大学知识仓储,以保存该校师生员工生产的数字知识产品的计划。2002 年 11 月,惠普公司投资 1 800 万美元与麻省理工学院合作开发的 DSpaee 系统在两年多的辛勤工作后正式问世。同年在"第六届欧洲数字图书馆先进技术

---

[1] 东方.非正式信息交流模式——我国电子预印本系统探析.图书馆学刊,2006 V01.28 No.6:52.53.上,MacKenzie Smith.

研讨会"上做了《DSpace:来自麻省理工学院图书馆和惠普实验室的机构仓储》的学术报告,详细介绍了DSpace的构建原理、运行情况及在学术交流和数字资源长期保存中的重要作用。SPARC的权威人士Raym Crowz也于当年发表了《机构仓储现状》和《SPARC机构仓储一览及数字资源指南》,这两篇文章提出了作为学术交流新模式的机构仓储概念,呼吁广泛构建机构仓储。自此以后,全球范围内大规模的机构仓储建设开始了。

2004年6月24日,"机构仓储及其对出版业的影响"研讨会在伦敦召开,与会者包括来自英、美等国的100多位研究人员和实践工作者。会议对IR及其在学术出版领域的作用和影响进行了深入的探讨,并对IR给出了较为一致的看法。

严格来说,机构仓储应该满足4个条件:①由学术机构创建;②资源是学术性的;③资料是长期积累的;④资源是开放的,并且能够满足互操作要求。

机构仓储作为实现开放存取的重要途径之一,受到了以大专院校为主的众多学术机构的充分重视,一些大学甚至联合起来建设机构仓储,如著名的DSpace联盟就是由美、英等国的7所知名大学共同创建的。许多国家政府也十分关注本国机构仓储的发展情况,其中有的国家政府制定相关政策直接支持机构仓储的发展;有的国家如英国与荷兰,则启动大型国家项目来推动机构仓储的建设和有关标准的制定;还有的国家,如德国建立国家级的机构来保证机构仓储的建设符合一定标准。

2005年5月10日至11日,美国网络信息联盟(CNI)、英国联合信息系统委员会(JISC)和荷兰SURF基金会共同主办了"机构仓储战略调研会"(Making the Strategic Case for Institutional Repositories)。在会议筹备期间,主办方对澳大利亚、加拿大、美国和10个欧洲国家,包括比利时、法国、英国、丹麦、挪威、瑞典、芬兰、德国、意大利和荷兰的学术类机构仓储部署和发展情况进行了问卷调查和分析研究。调查显示,在德国,机构仓储的数量甚至超过大学的数量,因为某一所高等教育机构可能建有多个仓储,如学位论文仓储、工作文件仓储和视频资料仓储等。这种现象在其他国家也不同程度地存在着。还有一些国家建有机构仓储的大学很少,如芬兰等。至于机构仓储的资源,有些国家的机构仓储收录完整的资源对象,也有一些国家侧重于收录资源对象的元数据。如荷兰,它的每个机构仓储平均收录12 500条记录,其中只有3000条可以获取完整的对象文件。[1] 荷兰的名为"科学奶酪"的项目(http://www.creamofscience.org/)将该国数百位顶尖学者的出版物保存到国家机构仓储中,为机构仓储带来了声誉和法律保障。这次调查是迄今为止较为全面和权威的一次相关调查,覆盖的国家数量也比较多。各大洲主要机构库分布情况如下表所示。[2]

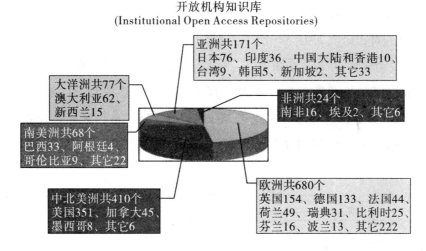

各大洲及主要国家机构库分布

从中国的情况来看,浙江大学(http://www.Lib.web Zju.edu.cn.library.Dspace.jsp)和厦门大学(http://www.Dspaee.xmu.edu.on)都采用了DSpace系统。香港科技大学最初于2003年2月建成机

---

[1] Summary of the Annual General Meeting(2006)[OL]. http://www.carl.abrc.ca/horaire/pdf/agm-060517.pdf.

[2] 黄凯文.走进学术机构仓储.数字图书馆沦坛 2006(11).

构仓储,它也采用 DSpace 系统软件,遵循 OAI-PMH 和 SRW/U 协议,支持用中、日、韩语言编码,采用 CNRI HANDLE 标识符,并参加了 Google 谷歌实验计划(Google Polite Project)。该仓储最初只有 105 篇计算机科学方面的报告,发展至今已收录 40 个社群、134 个子集、1 951 篇文献。所有资料被 OAIster 服务器收录。

4.4.4 开放存取仓储(OAR)系统软件介绍

4.4.4.1 开放存取仓储(OAR)系统软件概况

2004 年 8 月,美国开放社会研究所(OSI,Open Sciety Institute)在发布的第三版《机构仓储软件指南》中,列出了 Archimede ARNO、CDSware、DSpace、Eprints Fedora i-Tot、MyCoRe 和 OPUS 共 9 个仓储软件系统,并从基本情况、技术细节、仓储和系统管理、内容管理、用户接口和查询功能、存档、系统维护等 7 个方面对这些系统进行了详细的对比研究。据当年的不完全统计,仅这 9 个系统,全世界就有 2000 多个用户。近 3 年来,随着开放存取仓储的迅猛发展,出现了更多的相关软件系统。至 2007 年 9 月 21 日,ROAR 列出了 17 种软件,DOAR 列出了 61 种软件;其中以 DSpace 和 Eprints 两种软件应用最广,各有 200 家左右用户[1]。如"表 4-4"所示。

表 4-4 主要开放存取仓储软件系统的应用情况[2]

种类	ROAR(家数)	OpenDOAR(家数)
ARNO	5	
BePress	56	56
CDSware	9	8
DIVA	16	14
DOKS	5	3
DSpace	254	203

[1] Open Access Journals within Further and Higher Education,A joint report by The Electronic Publishing Innovation Centre(EPIC)in partner ship with Key Perspectives LiMiTed.

[2] http://www.celestial.eprints.org/cgi-bin/eprints.org/graph.

续表

种类	ROAR(家数)	OpenDOAR(家数)
EDOC	2	3
Eprints	235	196
ETD.db	23	16
Fedora(Fez/Fedora)	8	4
HAL	7	7
MyCoRe	3	4
OJS	1	1
Open Repository	9	8
OPUS	26	50
Seix	1	1
其他	270	361
仓储总数	930	574

4.4.4.2 开放存取仓储的主要应用系统软件

开放存取仓储中涉及的技术问题主要是开放存取仓储的应用系统软件。根据DOAR的统计数据显示，目前798个开放存取仓储中采用的有明确名称的应用系统软件是54种,这其中还有228个开放存取仓储中使用的应用系统软件是不明确的。可见目前开放存取仓储的应用系统软件很多,而且发展很快。由于各种应用系统软件的设计原则和实现目标有所差别,因此各开放存取仓储可以根据自身收录资料内容的范围和管理方面的特点选择较为适合自己的应用系统软件。下面就目前国际上应用最广泛的应用系统软件Dspace、Eprints等进行介绍。

(1)DSpace

DSpace系统是由麻省理工学院(MIT)和惠普公司(HP)联合开发的一种开放源代码软件。DSpace系统软件是目前开放存取仓储中应用范围最广的应用系统软件之一。该软件于2002年发布,是一个开放源代码软件,运行在Linux和Unix平台上,遵循BSD协议,用户可以直接利用或者改写软件来创建自己的数字图书馆系统,并与其他机构联网。最新版本是2006年3月17日发布的DSpace 1.4 alpha 1版本。据DOAR统计,现有的798个开放存取仓储中有141个使用的是DSpace系统软件。而根据ROAR的统计,目前有200多所学校和科研机构已经使用Dspace系统。DSpace允许各社区制定不同的工作流程和相关政策,并将各用户群体整合在一个大的机构仓储系统之中。任何机构甚至个人都可以免费下载DSpace软件,建立自己的开放存取仓储。下载地址是http://sourceforge.net/projects/dspace/。

DSpace软件的特点:①支持多种数字格式,包括文本、图片、视频和音频等;②用户可以根据自身需要来修改软件;③支持机构仓储;④允许文献的提交者对所提交的文献内容进行访问控制;⑤在文献提交过程中,DSpace软件利用DC元数据描述提交文献的内容,并将结果存储到关系库中,通过搜索引擎在关系库中检索条目;⑥DSpace软件和OCLC的OAICAT结合,完全支持OAIV2协议,同时采用CNRI的Handle建立唯一标识框架,为实现不同数据库中元数据交换,进而为实现不同开放存取仓储中资源的相互存取提供了可能[1]。

(2)Eprints

Eprints软件是由英国的南开普顿大学(Southampton)开发的开放存取仓储创建软件。Eprints软件是众多开放存取仓储应用系统软件中使用最多、分布最广的一种。2000年,英国南开普顿大学开发了免费软件系统Eprints的第一个版本,从2.3版本开始支持全文检索,目前已发展到Eprints 3版本。Eprints采用Perl程序语言编写,可运行于阿帕奇(Apache)网络服务器和MySQL数据库,遵循OAI.PHM2.0协议。该项目最初由CogPrints赞助开发,现在由英国JISC与英国国家科学基金会(NSF,the,National Science Foundation)共同支持。它已成为"开放引用工程"(Open Citation Project)和DLl2国际数字图书馆计划(DLl2 International Digital Libraries Project)的组成部分。该软件目前支持PostScript、PDF、ASCII、HTML等多种文件类型。Eprints具有较大的灵活性,支持各种元数据标准。[2]通过

---

[1] 江瑞其.国外机构库发展概况.图书情报工作,2007(11).

[2] http://www.dspaee.org/.

它可以创建与 OAI 兼容的文档,这样它们就能够被 Google 等软件准确定位并搜索到。根据 DOAR 统计结果表明,目前 798 个开放存取仓储中有 175 个使用的是 Eprints 系统软件。而根据 Eprints Free Software 的统计数据表明,目前共有 213 个开放存取仓储采用了 Eprints 软件。虽然 Eprints 软件的默认结构是机构仓储,但是它同样可以用来创建学科仓储。Eprints 软件可以从网上免费下载。下载地址是 http://www.Eprints.org/software/download/。

Eprints 软件的特点主要如下:①Eprints 软件可支持并兼容各种元数据标准;②可利用软件提供的模块进行升级,以增加新的工具和功能;③支持存储多种文档格式,甚至单篇文章也可以以多种格式存储;④其数据完整性检查是由系统自动完成的;⑤所提交的文献可以以文件形式上传、可以以压缩文件上传,或者通过指定的 URL 来从已有的网站自动映射;⑥所有被提交的文献都被先放在一个缓冲器中,缓冲器中的文献可能被接受、拒绝或发送回作者进行修改[1]。

(3) ARNO

荷兰在线学术研究工程(Academic Research in the Netherlands Online)开发了一种支持机构仓储的软件 ARNO。项目最初由 IWI (荷兰语"科技信息应用改革"的首字母缩写)基金资助,早期参与者为荷兰阿姆斯特丹大学、提尔堡大学和德温特大学。2003 年 10 月,系统公开发行使用,此后一直在上述大学及鹿特丹大学、马斯特里奇特大学使用。ARNO 系统是一种灵活性很强的内容管理工具。它提供一种能够创建、管理和揭示以 OAI 为元数据标准的机构仓储的系统工具,支持对机构仓储的内容和终端用户提交系统进行集中的创建和管理。具体的做法是把不同社区的元数据和与元数据对应的内容统一到一个个文件库中,各个文件库再组合成一个机构库。它也提供与世界上异地机构库的连接。但是,目前 ARNO 系统尚不能提供成熟的用户终端界面,它需要与其他软件技术如 IPort、I-Tor 等

---

[1] http://www.eprints.org/software/.

结合使用才能提供完善的功能。

(4)CDSware03

CDSware(CERN Document Server Software)是瑞士 Jean Yves Le Meur 等开发的,初衷是为支持欧洲粒子物理研究所(CERN, European Laboratory for Particle Physics)的文档服务器[1]。该软件由 CERN 管理,提供开放使用。它支持电子预印本服务器、图书馆网上编目及其他以网络为基础的文件存储系统。CERN 运用 CDSware 软件管理 450 多个资料收藏机构。目前拥有 80 多万条书目记录和 36 万条全文文件记录。收藏类型包括预印本、期刊论文等。

4.4.5 我国开放存取仓储(OAR)的现状与发展

4.4.5.1 我国开放存取仓储的现状

我国开放存取仓储起步较晚,目前主要有:中国科技论文在线(http://www.paper.edu.cn)、中国预印本服务系统(http://www prep.istic.ac.cn/eprint/index.jsp)、奇迹文库(http://www.qiji.cn)、香港科技大学开放存取仓储(http://www.repository.ust.hk/dspace)、香港中文大学网上中国研究论文库(http://www.use.cuhk.edu.hk/wkgb.asp)、ArXiv.org 中国镜像(http://www.xxx.itp.ac.cn)、国家科技图书文献中心预印本文库(http://www.preprint.nstl.gov.cn/newprint/index.jsp)、北京大学数学研究所预印本文库(http://www.math.pku.edu.cn:8000/inst/preprint/index.php)、浙江大学数学科学研究中心预印本文库(http:// www.cms.zju.edu.cn/index.Asp Column Name pdfbook)、华东师大数学系预印本文库(http://www.euler.math.ecnu.edu.cn/preprint)。

总体看,目前我国开放存取仓储还较少,不同学科的开放存取仓储发展不平衡,理工科尤其是数学的开放存取仓储发展较快[2]。

---

[1] http://www.cdsware.cern.eh/invenio/index.html.

[2] 李广建,黄永文,张丽.IR:现状、体系结构与发展趋势.情报学报,2006(2).

(1)学科 OA 仓储的发展

我国 OA 仓储是以中国预印本服务系统和中国科技论文在线为代表。中国预印本服务系统是由中国科学技术信息研究所与国家科技图书文献中心联合建设,以提供预印本文献资源服务为主要目的的实时学术交流系统。该系统由国内预印本服务子系统和国外预印本门户(SINDAP)子系统构成,收录范围分为自然科学、农业科学、医药科学、工程与技术科学、人文与社会科学五大学科门类;提供二级类目的分类浏览与高级检索功能,系统可实现用户自由提交、检索、浏览预印本文章全文、发表评论等功能。国外预印本门户(SINDAP)子系统是由中国科学技术信息研究所与丹麦技术知识中心合作开发完成的,它实现了全球预印本文献资源的一站式检索。通过 SINDAP 子系统,用户只需输入检索式一次即可对全球知名的 16 个预印本系统进行检索,并可获得相应系统提供的预印本全文。目前,SINDAP 子系统含有预印本二次文献记录约 80 万条[1]。

中国科技论文在线由教育部科技发展中心主办,按自然科学国家标准学科分类与代码将专业领域分为 39 类。学科 OA 仓储利用现代信息技术手段,免去了传统的评审、修改、编辑、印刷等程序,给科研人员提供了一个方便、快捷的交流平台,提供及时发表成果和新观点的有效渠道,有助于新成果的及时推广与科研创新思想的及时交流[2]。

(2)机构 OA 仓储的发展

香港科技大学科研成果全文仓储(HKUST Institutional Repository)是由香港科技大学图书馆用 Dspace 软件开发的一个数字化学术成果存储与交流知识库,目前,已收录由该校教学科研人员、博士生及研究助手提交的论文(包括已发表和待发表)、会议论文、预印本、博士学位论文、研究与技术报告、工作论文和演示稿全文共 2 219 条。可按院系机构(Communities&Collections)、题名

---

[1] Directory of Open Access Journals[EB/OL]. http://www.doaj.org.
[2] 中国科技论文在线[EB/OL]. http://www.paper.edu.cn.

(Titles)、作者(Authors)和提交时间(By Date)进行浏览,提供任意字段、作者、题名、关键词、文摘、标识符等检索途径[1]。

总体而言,我国的开放存取仓储数量少,学科范围狭窄,资源总量较少,影响力较小,有待进一步的完善和发展。如在Open DOAR注册的中国开放存取仓储只有6个,分别来自香港城市大学、中国西部环境与生态科学数据中心、香港科技大学(2个)、香港大学、厦门大学。

我国的仓储多采用Dspace软件建设,如香港中文大学的机构仓储SIR(Scholarly Information Repository)系统、厦门大学的学术典藏库XMU IR(http://www.dspace.xmu.edu.cn/)、香港城市大学的City U Institutional Repository(http://www.dspace.cityu.edu.hk/)[2]。

4.4.7.2 中国对开放仓储认知度与认可度调查分析
——以科技界为例

开放仓储是实现开放存取最重要且相对容易的途径之一。为深入了解中国科研工作者对开放仓储的认知度与认可度,了解读者和作者对信息仓储和使用的态度,国内学者王应宽等设计了问卷调查。调查显示,大多数人(83%)对开放存档还不了解,但大多数人(88%)会遵守雇主或基金会所要求的开放存档条件;对文章后印本开放存档的支持率较高(77%),而对预印本存档的支持率相对较低(43%)。

调查结果与分析:

①科研工作者关于文献的产出与使用情况。关于如何容易地获得需要参阅的文章,调查表明:22%的答卷者"有易于获取全部必需文献的途径",45%"有易于获取大部分必需文章的途径",23%"有易于获取一部分必需文章的途径",6%"有易于获取少许必需文章的途径",近5%"缺乏途径"。可见,只有约1/5的答卷者声称有易于获取全部所需文献的途径,而大部分(约80%)或多或少存在获取所必需

---

[1] 香港科技大学图书馆知识库. http://www.repository.use.hk.dspace/
[2] 贾冬梅.开放存取资源的获取策略.情报探索,2008(4).大学图书馆学报,2008(2).

文献的困难。被调查者大都来自大学,有大学图书馆优越的信息获取途径,其文献获取状况尚且如此,其他没有图书馆设施的科研院所的情况就可想而知了。这也反映了目前基于订阅的印刷版期刊不可同时异地供多人阅读的弊端。而OA仓储模式是基于网络的在线数据库,可同时异地供多人阅读和使用,因此有望很好解决文献的获取和使用问题。

关于每个人年发表论文情况,38%的答卷者每年发表论文不超过1篇,发表论文2~4篇者为49%,发表论文5~7篇者为10%,发表论文8篇以上者不足3%。调查结果反映了中国作者的论文发表情况。开放存取在中国的发展,将加速科技信息的传播与共享,激励创新;论文产出数量将增加,期刊发表能力将增强,作者每年发表论文数肯定会增加。

关于科研工作者发表论文的目的,调查结果表明:88%的人是为了与同行交流成果,77%的人是为了职业晋升,74%的人是为了获得专业领域的声望和增加获得资助的机会。很少有人(18%)把发表论文的目的定位于获得直接的经济报酬,也就是说,科研工作者一般不是为了获取直接的经济利益而发表文章。笔者就此问题对主持多项国家科学基金项目的十余位专家的访谈结果也证实了这种观点。

②开放仓储(OAR)与自我存档。文章的"开放存档"(Open Access Archive)是除OA期刊外实现开放存取的另一种重要方法。但调查结果显示:44%的答卷者只"了解一点",39%回答"不知道",知道的占8%,知道并存档的占7%。对中国几个常见的开放文档库(奇迹文库、中国科技论文在线,中国预印本文库)的调查结果表明:"3个全知道"的只占6%,47%只知道其中1个,9%知道其中2个,38%的答卷者全然不知。关于对美国和英国"强制性要求作者对自己的研究文章开放存档"的建议的知晓度调查表明:83%的答卷者不知道,只有17%的答卷者知道。总的来看,大多数人(83%)对开放存档还不了解,对中国几个影响较大的开放存档库的认知度很低,需要采取措施,加强宣传推介。

为了推进开放存取,雇主或基金会通常要求受其资助的研究成果提供开放存档,答卷者对此要求的反应是:67%表示"会自觉遵守",21%回答"会勉强遵守",3%明确表示"不遵守",8%回答"不知道"。大多数人(88%)会遵守雇主或基金会要求存档的条件,支持开放存取。

关于是否同意并准备把自己文章的预印本开放存档,调查结果表明:16%同意并准备存档,27%同意但不准备存档,35%不同意预印本存档,另外22%回答"不知道"。而对文章后印本的存档,调查结果大为不同:47%同意并准备存档,30%同意但暂时不准备存档,只有5%反对,17%回答"不知道"。相比较而言,对预印本存档的支持率较低(43%),而对后印本存档的支持率较高(77%),且反对者少(仅5%)。原因主要是中国科研人员对版权侵害的顾虑,后印本均已被期刊录用或正式发表,减少了对被剽窃的顾虑,因而支持率高;而预印本被剽窃的风险高,特别是在科学道德境界不高和法制不完善的环境下。随着技术的进步和法制的健全,如国际上已有通过网络识别非原创作品的软件、对侵权的惩戒更严厉等,将逐步消除对预印本存档的顾虑,为开放存档营造良好环境。

关于在哪种开放存档文库中存档的调查表明:22%支持在"机构仓储"存档,74%支持"学科仓储",20%支持通过"作者个人主页"提供开放存档和访问,采用其他途径的占5%。科研工作者对"学科仓储"的支持率最高,一方面,学科仓储具有把相关学科内容聚类的优势,便于读者查阅和使用,增大了文章的显示度与引用率;另一方面,成功的学科仓储实践,如物理学领域的 ArXiv.org,为建立与维护学科仓储提供了经验。因此,在发展中国的开放仓储库时,应优先考虑学科仓储。但机构仓储也有自身的优势,如便于建设、管理和维护,也应该因地制宜的支持发展机构仓储。

③调查总结。调查结果表明,大多数人(83%)对开放存档还不了解,但大多数人(88%)会遵守雇主或基金会所要求的开放存档条件;对文章后印本开放存档的支持率较高(77%),而对预印本存档的支

持率相对较低(43%)。科研工作者发表论文的目的排前三位的依次是:与同行交流成果、职业晋升、获得专业领域的声望和增加获得资助的机会。调查研究所取得的数据基本反映了中国的实际,对发展中国的开放仓储具有重要参考价值。

关于开放存取对传统学术出版体系的影响问题,讨论与担心的很多。发展的实践证明,开放存取模式并未像反对者担心的那样会毁坏业已建立的传统学术出版体系。如物理学领域的学科仓储ArXiv.org存在了10余年,还没有一种主流的物理期刊因此而消亡。但是,另一方面,传统出版模式若不能适应数字信息时代的特点与要求,将面临淘汰。但这并非开放存取之过,旧事物的消亡,新事物的诞生,优胜劣汰,自然选择,符合达尔文的进化论。

从调查中可以看出,中国作者对开放存档的认可度和支持率虽很高,但要真正实现自我存档也并非易事。作者自我存档的主要障碍是作者的惰性。国家或机构应该创造条件、制定措施,鼓励、要求或强制作者存档,采用强制与经济补贴相结合的办法来克服作者的惰性。因此,建议国家有关部门如项目主管部门、基金机构等应制定并实施强制存档政策,大力提倡、鼓励或强制性要求作者自我存档。在具体操作层面,建议应尽快制定或采纳国际通用的元数据标准、存档格式,建立期刊和出版者的开放存档政策列表,建立类似于DOAR和ROAR的中国开放仓储资源目录列表,切实推动中国开放仓储的建设和使用[1]。

4.4.7.3 发展开放存取仓储的主要问题

(1)质量问题

目前多数的开放存取期刊也已经采用了同行评议制来提高出版物质量。但对于开放存取仓储来说,一般不进行内容方面的评审,只是要求作者提交的论文符合一定的学术规范,并且提交论文的格式是基于某一标准的文档格式。目前学术界和出版界人士担心的是,

---

[1] 李若溪,黄颖等.国际学术出版开放式访问(OA):实践与前沿问题研究进展.编辑学报,2006(6).

在没有质量控制机制下的开放存取出版,是否会降低学术出版的质量,造成大量的垃圾论文的出现。开放存取仓储内后印本文献的质量相对较高,关键是如何保证开放存取仓储内预印本文献的质量。

(2)运营经费问题

与传统学术出版相比,开放存取出版和传播成本大大降低,但是开放存取仓储仍然需要一些必要的成本来维持其对仓储内信息资源的长期保存和维护。开放存取仓储为用户提供免费存储服务和免费访问服务,既不收取用户的订购费和访问费,也不收取作者的出版费,因此,如何保证开放存取仓储有长期、稳定、可靠的运营经费是其发展中的关键问题。

从目前的发展情况看,开放存取仓储多是一些组织机构根据自己的研究需要而建立的,因此,目前开放存取仓储的运营经费主要依靠这些组织机构提供。同时,还有一些社会基金的资助和一定的广告收入,这样就较好地解决了开放存取仓储的运营经费问题。随着实践的发展,相信还能探索出其他的营利模式来充实开放存取仓储的运营经费。

(3)数据共享问题

目前多数的开放存取仓储对提交的文献只要求是 Word 或 PDF 等文档格式,尚没有统一、规范的标准化格式;同时,也不对提交在开放存取仓储内的文章进行更深入的组织、标引和归档处理。因此,如何实现不同开放存取仓储之间的跨库检索和交互操作,从而实现不同开放存取仓储内文献信息资源的数据共享,也是开放存取仓储发展过程中的一个关键问题。

为了增强各仓储库之间的互操作性,必须建立统一的元数据标准。OAI 的开放存取元数据收获协议(OAI-PHM)已被修订并嵌入到新的开放资源仓储平台中,如 EPrints(2000)www.eprints.org/和 DSpace(2002)www.dspace.org/,这些系统被大学和研究机构广泛采纳,产生了许多机构仓储库。商业公司如 Google,Microsoft,Yahoo,Elsevier,Thomson 相继致力于将 OA 仓储库的网址编入索引。

OAI 协议(OAI—PMH)的出现为解决开放存取仓储间的数据共享提供了可能。OAI 协议是一个针对预印本的互操作计划,主要通过元数据收割(Metadata Harvest)的模式实现不同数据库之间的互操作,形成一个与应用无关的互操作框架,从而为不同开放存取仓储之间的互操作和检索提供有效的工具,实现数据共享。目前,很多开放存取仓储都采用了 OAI 协议,另外还有很多开放存取仓储应用系统软件也都遵循了 OAI 协议。因此依赖这些软件建立的开放存取仓储也都遵循了 OAI 协议,例如 Eprints 软件。这样就在一定程度上实现了开放存取仓储的数据共享[1]。

(4)版权问题

对预印本来说,开放存取仓储保留作者对其作品的版权,作者可以自由地将作品存储在任何开放存取仓储中,并不与现行的版权法相冲突,一般不会产生版权方面的纠纷。但是对于开放存取仓储中的后印本,则会出现版权方面的纠纷。出版商为了商业垄断目的,往往要求作者在同意其作品发表的同时,将相关的版权完全移交给自己,这样就使得作者失去了版权,作者也不可以自由地在开放存取仓储中存储已经在传统载体上发表的文章。因此一些开放存取仓储采取了一种折中的方法来解决后印本的版权问题,即采用勘误本(Corrigenda)的方式,对于已经发表的文章,要求作者不直接提交发表的原文,而是提交一份与预印本内容有所不同的说明版本[2]。通过勘误本,研究人员实际上可以间接地获得希望获取的文献的最后版本,从而解决了开放存取仓储中的版权问题。

总之,开放存取仓储是开放存取出版的重要形式之一,其出现在一定程度上弥补了现有学术出版的不足,也是网络环境下的一种新型的学术出版模式,值得学术界和出版界重视。从长远看,开放存取仓储的进一步发展应朝着两个方向努力,一是要建立开放存取仓储联盟,二是要加强开放存取仓储与出版机构之间的合作。

---

[1] Directory of Open Access Journals[EB/OL]. http://www.doaj.org.
[2] 李武. 开放存取出版的两种主要实现途径. 大学图书馆学报,2005(4).

(5)开发机构仓储的前景

①图书馆开发机构仓储的可行性。Harnad认为,OA除了通过出版刊物实现以外,也可以通过开发仓储系统而由作者自存档来实现。自存档政策的优越性是,它并不要求所有的期刊都不计风险成本地转向开放存取模式。出版商不需要改变他们的运作和经营方式。因为他们将作为与开放存取仓储平行的另一股力量—如既往地出版学术期刊,而这一点已经被在物理学期刊出版的领域拥有15年历史的ArXiv成功地证明了。[1] 有近90%的期刊同意将已出版的文章存入OA仓储中,其中包括Elsevier和Nature出版的期刊。作者也可以继续在他们喜欢的期刊上发表文章。如果他们将文章全文存入机构知识库中,他们作品的影响力将会大大地提高,因为这些机构仓储使用免费支持各个开放获取仓储之间的互操作检索,因此会大大提高作者文章的利用率。现在OA仓储还可以通过Yahoo和Google等外部搜索引擎来进行检索。作者所在机构的研究成果将通过机构仓储的建立而得以提升。因为各个仓储之间的可操作性,用户不必关心文章存储的具体物理位置,就可以在线获取这些资源。随着越来越多机构仓储的建立,越来越多的研究资源可以免费获取。对发展中国家的科研机构来说,与有着类似研究项目的其他国家同行共享其研究成果的益处是显而易见的,而且通过这种方式也可以使发展中国家研究机构的科研成果被其他各国的学者所知晓。

②制定机构仓储的相关政策。图书馆通过对机构库的管理可以更好地维持和研究人员、教师与学校或机构管理者之间的关系,可以根据教学研究的需要调整工作方式。对大多数学校或研究机构建设的机构仓储而言,图书馆的一个重要职能就是政策的制定。机构仓储的政策应包括:收集政策、保存政策、知识产权政策等。一般来说,机构仓储的政策制定主要涉及以下方面:内容的搜集与利用、仓储建设步骤、作者权利的管理和数字资源的长期保存。

---

[1] 刘畅,肖希明.开放存取期刊与图书馆信息资源建设.高校图书馆工作,2007(6).

政策的制定和执行是图书馆的职责,而图书馆是高校或科研机构的一个部门,在制定政策的过程中也应积极寻求与其他部门之间的合作,以共同促进机构仓储的发展。另外,为了促进研究人员和教师利用机构仓储的积极性,还可设立提交奖励制度,即将研究人员和教师提交的情况与所在院系的发展计划审批及员工个人晋级等相结合。

4.5 开放存取的其他实现方式

开放存取除了以上的主要实现途径外,还有一些其他的实现方式:

(1)个人网站(Personal Websites):指拥有自己独立的域名,有较大存储空间的互联网个人站点。这是目前学术研究者经常采用的一种公开自己研究成果的方式,一般是根据自己的爱好和特点建立的,有非常明显的个性特征。访问者可以自由进行复制、下载。但个人站点有维护成本较高、容易链接失效而造成无法访问的不稳定现象。一般来说,对于没有版权的作品,或者有版权但出版商允许进行开放存取的作品,作者可以将其放到个人站点上。

(2)博客(Blog):同个人网站一样,博客作为开放存取实现方式的一种,同样具有强大的生命力。

(3)维客(Wiki):维客是一种多人协作的写作工具。维客站点可以有很多人(甚至任何访问者)维护,每个人都可以发表自己的意见,或者对共同的主题进行扩展或探讨。

(4)电子书(Ebooks):是指通过特殊的阅读软件,以电子文档的形式,通过网络连接下载至一般常见平台的一种网络书籍。

(5)邮件列表服务(Listservs):是一个作为特定系统组件的电子邮件系统,它允许个人向建立在这个特定系统上的邮件列表订阅自己感兴趣的内容,这样他就可以收到这个主题下的所有邮件;同样,个人发送到这里的邮件也将被所有的订阅者共享。

(6)论坛(Discussion Forums):论坛可以说是互联网上分布最广、

种类最多、内容最杂的信息交流平台,也是最早起步的 Internet 网络服务项目之一。

(7)P to P 文件共享网络:在 P2P 网络中,用户可以直接共享和交互信息而不必借助中间商,不像过去那样必须连接到服务器才能浏览、下载。

第5章 开放存取的影响因素及相关问题分析

5.1 开放存取的主要优势

(1)科研成果传播及时、信息发布过程简便

开放存取的整个存储流程是直接在网络上进行组稿、编辑、制作、出版和发行。它使用文本编辑器和校对软件审改、校对和编排稿件,利用图形、图像和文字处理软件进行装帧设计。简化了信息发布的过程,而且网络信息量不受篇幅限制。另外,同行评议专家可以通过软件得到自动选择,并实现了作者、编辑部、评议者之间的互动交流,大大提高了效率。

(2)丰富图书馆文献资源、提高文献资源利用的时效性

开放存取的电子期刊以磁为介质,一旦编排完毕,即可并入网络,从而实现了出版的"零等待"和"即时出版"。

目前,仅 Open J-Gate 系统收集的全球 OA 期刊已达 3 795 种,其中超过 1 500 种学术期刊经过同行评议(Peer-Reviewed)。并且每日更新,每年有超过 30 万篇新发表的文章被收录,并提供全文检索;且全球已有 200 多个国家建立了 OA 机构库。这不仅使信息资源共享这一人类追求的理想变成了现实,同时也为高校图书馆的文献资源共享开辟了广阔的前景。[1] 并且无论是 OA 仓储还是 OA 期刊都是通过网络实现共享的,其发表的速度都高于传统期刊。

---

[1] 胡启恒. 开放获取是科学家的责任[EB/OL]. http://www.theory.people.com.cn/BIG5/49157/49165/3912796.html.

(3)有效保护作者的版权

传统学术期刊中,作者在发表论文前必须与出版商签订协议将版权转给出版商,取得版权的出版商可以把作品数字化后再卖给读者,而且以合同和技术手段等方式限制读者的使用。开放存取为科研人员提供了一个发表和传播作品的平台,作者保留作品的原始版权,这是 OA 文献最主要的特征之一。开放存取的前提条件之一就是版权属于原作者,任何后续的基于该作品的出版权利也都属于作者。但是,当作者同意其作品以开放存取方式出版时,事实上是将绝大部分的版权赋予了读者,读者可以无限制地阅读、下载、复制、保存、打印、检索、链接作品,而作者保留的是精神权利(如署名权、保护作品完整权等)和阻止恶意传播的复制权利。这样既保障了作者的权利,又促进了科研成果的传播。

(4)读者索取便捷

在开放存取的传播模式中,论文从提交、审阅、发表,再到最后呈现在读者面前,整个过程都是通过网络实现的。如 DOAJ 是检索开放存取期刊的一种工具,读者可以通过刊名、可选刊名、ISSN 号、创刊日期、停刊日期、主题、关键词、出版者、语种、旧名、继任刊名等项目对其进行检索。同时,开放存取期刊还向读者提供电子信箱、目次,预告每期内容和全文推送等服务。

(5)利于编辑、作者及审稿人的互动

开放存取模式采用电子邮件或软件编辑系统进行组稿,能及时收到大量高质量的稿件;系统编辑随时可与作者、审稿人进行交流磋商,实时获取作者和审稿人的反馈信息,从而更加便于审核稿件的新颖性和独创性,对保证稿件质量,维护刊物声誉起到很好的作用。

(6)有效遏制学术腐败

开放存取在互联网上可以有效地进行资源共享,科研成果可以迅速而广泛地在领域内得到传播,使得造假者不敢轻易弄虚作假。在 OA 上发表的作品都必须经过同行专家的审阅,审阅者的姓名、审阅意见等相关资料也必须附在作品上,这样对审阅专家既是一种权威认同,同时也是一种约束。

(7)缓解图书馆"学术交流危机"

学术期刊订购费用持续上涨,大大超过图书馆预算经费的增长,图书馆不得不削减期刊订购数量,使学校师生、科研人员可以获取、使用的学术信息资源越来越少。而 OA 资源向所有因特网用户免费开放,这无疑有助于解决图书馆界目前所面临的资源相对短缺问题,节省了部分期刊的订购预算,减轻了因期刊价格上涨给图书馆带来的越来越重的经济负担。据法国巴黎银行金融分析家 Sami Kassab 的估计,若采用 OA 模式出版期刊,全球的科学界每年可节省 40% 的经费。

5.2 开放存取的主要障碍

(1)开放存取意识淡薄

中国科学院文献情报中心的一份关于中国科学家对开放存取态度的调查表明:只有 8% 的科学家对开放存取非常熟悉;回答"关于开放存取知道一点"的科学家占 48%;有 43% 的科学家完全不了解开放存取是怎么回事;只有 11.2% 的科学家在开放存取期刊上发表文章。科研工作者对开放存取缺乏了解,当然不会把科研成果发表在开放存取期刊上,更不会试图创建开放存取期刊[1]。

(2)缺乏强有力的政策支持

开放存取是新生事物,需要政府层面的支持。国外开放存取的推动力量主要是政府、科研机构、大学、图书馆。实行科学信息的开放存取,受益的是社会公众,所以由政府来推动开放存取的发展是理所当然的。在开放存取运动发展比较快的国家,政府的推动作用是十分明显的。政府要支持开放存取这一新事物在中国的发展,应该借鉴国外经验,结合我国实际,尽快研究出台相关政策法规。

---

[1] 初景利.中国科研工作者对开放获取的态度.科学信息开放获取战略与政策国际研讨会会议报告,http://159.226.100.146/会议课件/Chu-Jing li-OA6－3.pdf.

(3)现行学术评价机制阻碍了开放存取的发展

我国现行的科研绩效评价体系带有明显的行政色彩。在评价指标中论文发表情况占相当大的分量。[1] 对学术论文的评价标准主要是论文被摘引情况、论文在何种期刊上发表。各科研机构一般都有一个期刊水平等级表,科研人员发表论文不得不遵循这个等级表所划定的范围,否则,他们的科研成果就无法得到官方认可,其后果是无法评定职称或者申请学位。因此,选择在何种期刊上发表论文在很大程度上并不取决于作者个人的喜好和期刊的质量,而取决于科研人员所在单位对期刊的分级评价制度。

(4)付费问题

对发表论文收取版面费是我国学术期刊的一大特色。版面费是我国学术期刊运作经费的重要来源,而且科研人员所缴的版面费一般是可以在其所在机构予以报销的。这就与在开放存取期刊上发表文章非常相似,所以我国的科研人员对于开放存取期刊的作者付费模式,比其他国家的科研人员应该更容易接受,也就是说,开放存取期刊应该发展比较迅速。但是,在我国 OA 运动发展的初期阶段,科研人员仍然偏向传统期刊。两者都需付费,相比较而言,他们更愿意发表在传统的有影响力的期刊上。

(5)商业数据库规模发展的影响

当前,国内大型期刊数据库有中国期刊全文数据库、万方数字化期刊、重庆维普数据库和人大复印报刊资料等,它们几乎覆盖了我国全部的学术期刊。如中国期刊全文数据库是目前世界上最大的连续动态更新的中文期刊全文数据库,收录国内 9 063 种重要期刊,全文文献总量达 26 963 287 篇[2]。

我国学术期刊数字化生产、在线出版传播、在线服务等网络出版产业链已初步形成。大部分研究机构、大学图书馆都购买了这些大

---

[1] ChuJingli(初景利),LiLin. Chinese Seientists' Attitude toward Open Access. http://open access. pdf.

[2] 郝勇.影响我国实行"开放存取"模式的因素分析.现代情报,2006(12).

型数据库,所以,科研人员已经习惯运用这些数据库,因而推动开放存取模式的力量明显不足。

(6)现阶段开放存取自身的局限性

现阶段开放存取模式在运行过程中的质量控制、运行费用、长期保存、版权方面存在的一些问题也制约了开放存取在我国的发展。此外,开放存取还涉及数字存档、技术标准、服务政策、合作出版、服务模式、知识管理等其他方面的问题(在下一节影响因素中将详细阐述)。

5.3 开放存取的相关问题分析——从非技术性因素分析(国内外)

当前,国内外对开放存取的研究如火如荼,一些实用的开放存取系统正在投入运行。然而,这种学术交流和出版模式并没有人们想象的那样得到蓬勃发展。主要是非技术性方面的原因,如社会认同问题、知识产权问题、科研成果政策问题、法律支持问题、国家许可问题、经济运行机制问题、质量控制问题和运作模式问题等。下面将对这些非技术性问题进行详细分析。

5.3.1 社会认同问题

目前许多国家科技界和政府机构正在对开放存取期刊文献展开广泛研究。美国国家科学基金、斯坦福大学等欧美国家的机构都已经在申请课题、评审职称时,承认OA文献。

科研成果要取得同行和社会认同,首先是公开发表。目前,无论国外还是国内,作者首先选择的是纸本期刊。纸本期刊经过了漫长的发展,在各个领域都有很高的认同度和权威性。政府机构和学术机构进行科研成果评价的首选方法是:科研成果是否在正式期刊或有较大影响的学术期刊上发表。为评价学术期刊的影响力,国际上形成了一系列期刊评价刊物,如《科学引文索引》(SCI)、《工程索引》(EI)、《社会科学引文索引》(SSCI)、《艺术和人文科学引文索引》

(A&HCI)、《科学技术会议录索引》(ISTP)等。这些学术刊物收录的OA期刊相对于纸本期刊来说是微不足道的。一些机构限制科研成果在OA期刊上发表,甚至把OA期刊排除在科研评价体系之外[1]。

我国对OA期刊的认同度更低。国内有七大核心期刊(或来源期刊)遴选体系:北京大学图书馆"中文核心期刊"、南京大学"中文社会科学引文索引(CSSCI)来源期刊"、中国科学技术信息研究所"中国科技论文统计期刊"(又称"中国科技核心期刊")、中国社会科学院文献信息中心"中国人文社会科学核心期刊"、中国科学院文献情报中心"中国科学引文数据库(CSCD)来源期刊"、中国人文社会科学学报学会"中国人文社科学报核心期刊",以及万方数据股份有限公司正在建设中的"中国核心期刊遴选数据库"。目前,这些遴选体系都还没有收录OA期刊。

当今中国,在OA期刊上发表的论文是不计入科研成果的。广大科研人员无法利用OA期刊发表论文来申报科研项目或作为晋级的依据。

5.3.2 知识产权问题

5.3.2.1 知识产权对开放存取资源的影响

知识产权是影响学术数字信息存取的一个重要因素。当前,作者对自己作品的版权有3种做法:①将作品的版权全部转交给出版社;②保留部分特定权利,比如出于教学目的的复制权等;③作者完全保留对作品的所有权,并授权出版方一定的权利。这3种做法,第一种方式最为普遍,但是赋予了出版方垄断的权利,限制了作品的合理使用,不利于学术交流的正常进行;第二种方式在实施方面存在一定的困难,因为作者很难在授权的同时就可以预料到自己以后对作品的需求;第三种方式是第一种方式的另一个极端,能够实现作者使用自己作品的最大自由权利,但易被滥用,人们只知道将自己的任何

---

[1] 郑垦荒.开放存取面临的主要问题及图书馆的应对策略.情报理论与实践,2006(3).

作品(甚至本身也是在他人的成果基础上的再创作)都声明为"保留所有权利",这样的结果是使得很多优秀作品无法得到最广泛的传播,从而无法实现作品价值的最大利用。

首先是对合理使用数字信息资源的威胁。利用先进的技术措施来保护数字信息知识产权不受侵犯是一个重要手段。加密、电子签名、电子水印等技术为防止作品被他人擅自访问、复制、传播提供了便利,但对一些合理的利用也带来限制。中国 2001 年修订的《著作权法》第 47 条也规定:故意避开或者破坏技术措施、故意删除或者改变权利管理的行为是非法的。但是并没有像美国的数字千年版权法(DMCA)那样规定具体的限制和例外,比如对反向工程的例外,对非营利性图书馆、档案馆和教育机构的豁免等。不过,即使在美国,这些例外较之传统版权法中规定的合理使用,其范围也显得狭窄,特别是在个人为了学习、研究需要,通过规避技术措施而获取受版权保护的作品的时候,同样不在例外和豁免之列。这就使公众合理使用或获取作品和信息受到了限制[1]。

其次,知识产权的强化导致数字信息获取困难的另一个表现是,对数据库的保护延伸到了数据和信息本身。1996 年的"欧盟数据库指令"在以版权保护的原则来保护数据库,即版权保护不及于数据和材料本身的同时,又平行设了一个数据库特殊权利,使一些投入大量人力、时间或资金却苦于无法满足版权保护要求的数据库,也可以得到保护。[2] 鼓励创作的目的本来就是为了公众能够获取更多信息,但是知识产权的存在又必然会使公众在获取受知识产权保护的知识信息时需付出一定的代价。所以,知识产权和数字信息获取之间存在着固有的冲突。有学者说"没有合法的垄断,就不会有足够的信息产生;有了合法的垄断,又不会有太多的信息被使用"。这是对知识

---

[1] 兰芳.劳伦斯.莱格斯网络知识产权思想评述.知识产权,2003(1).
[2] 吴伟光.数字作品版权保护的物权化趋势分析—技术保护措施对传统版权理念的改变. http://www.cybertsinghua.edu.cn/userl/wuweiguang/archi ves/2006/59html.

产权保护和信息获取之间矛盾的恰当描述。

5.3.2.2 开放存取资源中的知识产权保护

那么,开放存取会与现行的知识产权保护制度相冲突吗?开放存取不需要将版权由作者转移到出版商,作者可以长期拥有版权,版权的唯一要求是保证作品的完整使用,尽可能降低读者和信息服务提供者合理使用文献的限制。这一规定与当前的版权制度并没有冲突,大多数科研人员发表研究成果并不是希望能从中获取经济利益,而是希望能最大限度地传播自己的研究成果。开放存取只限于出版作者愿意提供免费使用的作品,它充分尊重作者的个人意愿。如BOAI明确指出,其提供的免费信息不包括作者未授权的作品,而只限于作者同意免费使用的作品。

创作共用协议(Creative Commons Initiative)由于其灵活的授权机制在开放存取出版中日益受到欢迎。该协议是由斯坦福大学数字法律和知识产权专家领导下的创作共用组织制定的有关数字作品(文学、美术、音乐等)的许可授权机制,它致力于让任何创造性作品都有机会被更多的人分享和再创造,共同促进人类知识作品在其生命周期内产生最大价值。"创作共用"协议简单说来就是一种授权协议,即除特殊说明之外,任何人都可以免费拷贝、分发(任何形式)、讲授、表演某个站点的任何作品(文字、图片、声音、视频等)。

5.3.3 经济运行机制问题

5.3.3.1 关于运行费用

为研究人员提供免费存取并不意味着出版开放存取期刊是不需要成本的。因此经济运行机制也是开放存取出版模式的关键问题。

目前最主要的解决方式是收取作者出版费用,即作者从项目或课题经费中抽取部分经费用于出版研究成果。如PLoS和BioMed Central就主要采用这种形式维持其期刊出版的基本费用。

收取作者出版费用应该说具有合理性,并可以保证开放存取出版的可持续发展。首先,作为科研的重要组成部分,研究论文的出可以保证研究成果的广泛传播和利用,因此,研究经费中应该有一部分作为作者发表研究成果之用;其次,与商业期刊不同,学术期刊的阅读对象主要是科研人员,所以在传统出版模式下,学术期刊的订阅者主要是研究型图书馆和其他教学、研究机构,而这些机构的订阅经费也是受相关机构和项目赞助的。从这个角度上说,收取作者出版费用并不意味着增加作者的经济负担,而是对已有费用的更为合理的分配和使用。当然对于发展中国家的作者或没有课题经费的作者,出版费用是可以适当减免的。如开放社会研究所(Open Society Institute)基金会宣布了一项新的资助政策:来自发展中国家的科研人员可以向其申请资金作为在 PLoS 期刊上发表论文的费用。在收取作者出版费用的具体形式上也存在着很大的灵活性。[1] 如由于 PLoS 收到英国联合信息系统委员会(Joint Information Systems Committee,简称 JISC)的一项拨款,因此,PLoS 对来自英国研究人员的前 40 篇论文只收取 50% 的出版费。当然除了收取作者出版费用这种主要形式外,还存在其他诸多的经济运行方式。如 BioMed Central 收取的查阅特定文章的链接费、向书店销售刊物的复制件费,以及广告和赞助方面的收入、为用户提供的系列增值服务中收取的服务费。[2] BOAI 将开放存取期刊出版的费用来源总结为自我收入(Self-generated Income)和内外赞助(Internal and External Subsides)两大途径。其中自我收入有收取作者出版费用、广告收入、提供对应产品、提供基于增值的收费服务等方式;而内外赞助则是指各研究机构、基金会、政府及私人的赞助等。

目前,几个主要的 OA 期刊的收费是每篇论文 500~3 000 美元不等。BioMed Central 对于被发表的论文每篇收取 580 美元的评审费用,Plos 对于被发表的论文每篇收取 1 500 美元的出版费用,而要在那些知名度更高的开放期刊和开放仓储里发表论文,其所需的费用就更高了。需要指出的是,这里所提到的费用,并不是作者自己所出

---

[1] 常妍等.中国科协学术期刊评价.出版广角,2008(5).
[2] 钱国富.开放期刊及其影响研究.图书与情报,2005(1).

的费用,而是从科研经费中所出的费用。[1]

5.3.3.2 经费运营模式

为读者提供免费访问服务,并不意味着出版开放存取期刊也是免费的。开放存取期刊、开放存取仓储的运作是需要成本的,包括审稿费用、硬件投入费和资源维护、网络运营费等,这和传统印刷型期刊的运作费用非常类似,不同的是开放存取模式省去了印刷和发行费用;而在 OA 仓储运行费用中占相当大比例的是存档服务费。

除国家项目外,开放存取系统还可利用基金赞助来维持系统的正常运作。如研究机构拨款、政府补助、筹款募捐、慈善机构捐助、个人自愿捐款等。比如我国的奇迹文库就是由一些科学、教育与技术工作者创办的非营利项目,经费全部来自个人的捐献。因为项目运作经费紧张,现在奇迹文库开始投放 Google 广告,以获得一定收入。

* 国外运营模式

国外一般采用作者付费的运营模式,如 PLOS 规定每个作者的每篇稿件收费 1 500 美元。但这种模式对我国的借鉴意义并不大,因为我国科研人员的经济承受能力有限。要解决这个问题,笔者认为,除了寻求国家资金支持外,还可以适当引入商业网站运营模式。

开放存取出版模式想要得到更多学术出版机构的支持,想要实现可持续发展,就必须要有合适的营利模式作为支撑。只有通过适当的盈利途径收回出版成本,出版机构才能维持正常的出版经营活动。恰当的营利模式不仅可以让更多的传统学术出版机构积极投身到开放存取出版的行列之中,还可以使现有的开放存取出版机构得到更好的发展,从而带动整个开放存取出版的健康、可持续发展。

在开放存取期刊出版领域中发展最好的是科学公共图书馆 PloS(Public Library of Science)和生物医学中心 BMC(BioMed Central),前者是非盈利性的开放存取出版机构,后者则是商业性的学术出版机构。

PLoS 于 2003 年 10 月创办了第一份经过同行评审的开放存取期

---

[1] 李春旺.网络环境下学术信息的开放存取.中国图书馆学报,2005(1).

刊 PLoS Biofogy,目前出版的开放存取的期刊数量达到了 8 种。

其运营经费来源如下:

①作者付费出版。PLoS 主要采用了向作者或其科研资助者收取出版费用的商业盈利模式。这部分费用主要用于支付同行评审费用、编辑费用、期刊生产费用和期刊论文在线保存和维护费用。PLoS 对旗下 8 种开放存取期刊的收费标准为每篇文章 1 250~2 500 美元不等。当然,对没有能力提供出版费用的作者,PLoS 则减少或者完全免费出版。

②实行会员制。会员制分为个人会员制和机构会员制两类。个人会员制实际上是一种鼓励个人为 PLoS 捐赠的制度,虽然这不是 PLoS 的主要盈利途径,但是也是 PLoS 所积极倡导的,因为可以从一定程度上弥补期刊出版成本。机构会员制争取大学、大学图书馆、科研机构和科研资助机构成为 PLoS 会员,机构可以根据不同的年度缴费金额成为 PLoS 不同级别的会员,这样,来自该机构的科研人员在 PLoS 上发表文章的时候就可以享受不同程度的折扣。

③来自各方的资助。由于 PLoS 是非盈利性的学术出版机构,所以它受到了多家机构的资金赞助,并接收慈善组织的经费支持。

④广告。PLoS 在其网站上所有网页的下方都提供了一个广告的链接,为的是吸引更多的广告以增加经费来源。但 PLoS 要求所刊登的广告必须要得到出版者的认同。另外,PLoS 不接受药品和医疗器械广告。

⑤印刷版期刊的订阅费。作为开放存取期刊,PLoS 在网上为所有的用户提供免费的内容,但 PLoS 出版的印刷版期刊也像传统出版的学术期刊一样,向用户提供收费的订阅服务[1]。

BMC 是一家独立的英国出版公司,提供免费的经过同行评审的生物医学领域的开放存取期刊。目前 BMC 出版了 170 余种生物学和医学领域的开放存取期刊,覆盖了生物学和医学的所有领域。

---

[1] 李麟,初景利.开放存取出版模式及发展策略.中国科技期刊研究,2005(3).

BMC 的经费运行模式与 PLoS 基本相同,在此不再赘述。

5.3.4 质量控制问题

质量决定开放存取模式的生存与发展。传统学术期刊出版在长期的发展过程中形成了一系列的评价指标和质量控制机制,如专家评审、同行评审制度等。开放存取出版也主要沿用这种传统的学术期刊同行评审模式。

开放存取期刊或知识库收录的论文不是不经审核而随便录用的论文,而是要经过同行专家评审通过的论文,是高质量的论文。从国际成功的例子来看,开放存取系统收录的论文是经过同行专家严格评审的论文,有的甚至比纸本期刊还要严格。如 PLoS、BMC 等都建立有严格而独立的同行评审机制,发展了"开放同行评审"制度(Open Peer—Review),即在论文正式发表之前,利用网络平台广泛征求同行对文章的意见,并作出修改,以提高质量[1]。

5.3.4.1 质量控制体制的建立

(1)同行评审制度

OA 期刊大多沿用了传统期刊同行评审制度,对论文的质量实行严格控制,因此,其论文质量与传统期刊并无多大差别。ArXiv 是最早出现的、也是目前知名度最高的 OA 仓储。在 ArXiv 诞生之初,因为它的管理者、使用者和读者都是一流的高能物理学家,所以质量控制并不是问题。但随着互联网的发展,ArXiv 的知名度越来越高,用户也越来越多。ArXiv 为了提高系统所提交论文的质量水平,也逐步引入审核机制。总的来说,ArXiv 对 Preprint 的质量控制还是相当成功的,不但使预印本文库运作的成本没有增加多少,反而使质量得到了有效的控制。

(2)引文分析法、链接分析法

除此之外,诸如引文分析法、链接分析法等也是比较有效与可行

---

[1] 潘琳.开放存取期刊的来源、分布与质量分析研究.山东图书馆季刊,2006(2).

的开放存取期刊质量评价方法。引文分析法按论文被引用频次来评价科研成果,是研究学术期刊的利用率和相对影响的一个重要手段。与同行评审制度相比,引文分析法排除了主观判断及人为因素的影响,因而其评价结果比较客观和可靠。[1] 同时,网络计量学方法中的链接分析法在网络资源评价中也被得到广泛应用,将开放存取期刊网站的网络影响因子和外部链接数作为评价其网站的指标,网络影响因子的高低将有助于我们全面了解开放存取期刊的影响力。网站外部链接数越多,开放存取期刊的影响力就越大。因此,链接分析方法,即统计网站的外部链接数和网页被链接数是评价开放存取期刊质量比较客观有效的一种评价方法。

从上述分析可以看出,目前对 OAJ 和 OA 仓储的质量控制还是相当有效的,只要有充分的质量保证,一定会吸引更多的研究人员加入,两者都会获得长期而稳定的发展。我国也应采取以上的方法,加强对开放存取论文的质量控制。

5.4 开放存取的相关问题分析——从技术性因素分析(国内外)

除了上文的非技术性因素以外,其他一些技术性因素也影响着开放存取的发展。下面将对这些技术性问题进行详细分析。

5.4.1 开放存取相关技术

开放存取相关技术主要是指以 OAI 为核心的技术开发及应用技术,包括内容数据的传递、存储、永久性保存等技术。目前,随着计算机技术的发展,一部分问题已经可以通过现有的协议、模型等来解决。如 OAI-PMH(Open Archives Initiative Metadata Harvesting Project)元数据获取标准具有很好的开放性和适用性,实现了数据提供者和服务者之间协议的解释和转换,这样用户就可以准确地找到

---

[1] 乔冬梅.国外学术交流开放存取发展综述.图书情报工作,2004(11).

基于 OA 协议的文档。DOI（Digital Object Identifier）数字对象标志体系具有永久性及可扩展性，便于数据的互操作和动态更新，满足了 OA 资源的海量存储与长期保存的需要。开放存取学术资源分布的分散性为资源共享和数据互操作带来困难。如 XML（可扩展标记语言）的出现解决了在不同系统平台之间的数据结构/模式的差异，使得数据层在 XML 技术的支持下统一起来，实现与语言无关、平台无关、协议无关的互操作。虽然 OA 的支持技术在不断完善，但是还有许多问题亟待科研人员去发现、去解决。

5.4.2 加强对开放存取相关技术的研究

5.4.2.1 基于 OAI（Open Archives Initiative）的开放元数据机制

由于元数据格式过多，系统之间互操作时，元数据的格式转换和匹配是一个很大的障碍，为此 OAI 指定 DC 为统一的元数据标准，并以此作为系统间统一的元数据规范接口。OAI 于 2001 年 1 月发布了 OAI-PMH（Metadata Harvesting Project）协议。该协议提供了一个基于元数据获取的独立于具体应用的互操作框架，为网络上元数据的互操作问题提供了一种可行性方案，用户可以在使用该协议的开放存取资源中查到基于 OAI 协议的文献，而不需要知道开放存取资源的种类、存储位置和内容范围。如 BioMed Central 要求论文的元数据信息应该与 OAI 相兼容，并将全部论文存档在多个公共知识仓库中。

5.4.2.2 基于 DOI（Digital Object Identifier）的文献标识机制

为帮助用户检索并链接到对应的文献，需要对分布在网络上的文献资源进行标识。开放存取采用 DOI 标记方法，该标识符具有永久性和可扩展性特点，便于数据的互操作和动态更新。用户通过 DOI 可以知道自己可用资源有哪些，可以找到并获得自己所需资源，可以知道资源数据的来源等。

5.4.2.3 基于 OAIS 的数据长期保存机制

（1）关于数字存档

开放存取出版要考虑对资源存取的长期有效性问题，如 BioMed

Central 就要求论文的元数据信息应该与 OAI 相兼容,并将全部论文存档在多个公共知识仓库中。另外,BioMed Central 还是 LOCKSS 先导计划的参与者之一,LOCKSS 是斯坦福大学图书馆在 NSF 和 Mellon 基金会赞助下的数字长期保存项目,该项目通过多个图书馆参加的分布式联合建设机制,并与出版机构合作,对图书馆购买的电子资源统一进行长期存档,从而保证了各个图书馆对其购买的电子资源可以实现永久存取。

(2)与数字存档相关的其他问题

开放存取还涉及数字存档、服务政策、合作等方面的问题。在数字存档方面,开放存取要考虑对资源存取的长期有效性何题。关于服务政策,开放存取也根据用户需求提供不同服务,如除上面提到的增值服务外,PLoS 考虑到部分机构和个人还是倾向于利用印刷版期刊,因此正在致力于在出版网络学术期刊的同时也提供印刷期刊的"按需出版"服务,但印刷和邮寄费用由用户承担。

5.4.3 开发利用问题

5.4.3.1 图书馆对开放存取资源的开发利用程度低

开放存取作为一种新型的学术交流方式越来越受到国际科学界、出版界和图书馆界的关注。近些年,每年的新增开放存取期刊达上百种以上。机构知识库的建设已成为许多学术机构、图书馆参与开放存取、保存学术成果的最主要的手段。如 DOAJ 中收藏的机构知识库达近千个左右。[1] 可以看出,如果图书馆能充分开发和利用开放存取期刊、机构知识库等免费资源,可以极大地补充图书馆的虚拟馆藏信息资源。

但实际的情况并非如此。大量的开放存取期刊和机构知识库等开放资源并没有得到充分的开发和利用。除浙江大学图书馆建立的人文社会科学开放存取资源检索平台 SSOA(Social Science Open

---

[1] http://www.doaj.org/[2008-04-19].

Access)外,类似的将开放存取资源进行整合、开发利用的情况并不多见,绝大多数图书馆只是把开放期刊和机构知识库作为一般的网络信息资源进行简单的介绍和链接而已[1]。

5.4.3.2 规范控制和资源整合问题

目前政府对开放存取资源还缺乏管理和控制,开放存取期刊和开放存取文库的设立基本处于一种无序状态,其创立和管理完全取决于机构或者个人的意愿,这导致开放存取的发展呈现散乱无序的状态,给利用开放存取资源也带来很大的难度。因此,建立一套国家层级的对开放存取资源进行规范控制的标准体系,是开放存取发展的当务之急。

5.4.3.3 机构库建设问题

一直以来,收集与保存文献信息资源是图书馆的基本功能。图书馆收集和保存信息资源的内容、类型、管理方法、服务模式、相关技术也随着社会的进步、读者需求的变化而不断地发展变化。近几年来,数字产品也逐步进入图书馆的资源体系与服务领域。收集、保存本校的数字信息成为大学图书馆的一项重要而紧迫任务。目前,高校每年所产生的原生科学成果正逐渐增多。与传统文献记录载体不同的是,这些科学成果(包括学术报告、统计数据、教学课件、计算机程序、学术论文、电子学位论文等)都是以数字文档呈现的,反映了该机构学术水平和发展动态。作为高校文献信息中心的图书馆有责任收集、保存本校的数字信息。因此,高校图书馆构建机构库,不仅能长期保存本校的数字信息,而且在加速学术成果的传播、提高高校的知名度、改进现有的学术传播机制、扩大学术文献的获取途径等方面将起到重要的作用。

因而,图书馆参与开放存取运动的最实际的方式是创建机构知识库。国外的一些机构知识库是在图书馆的直接领导或参与下创建的,它使图书馆的馆藏内容更加丰富、形式更加多样,使图书馆能提

---

〔1〕 http://www.libweb.zju.edu.cn/JavaLab/guest book/jsp/[2008-10-23].

供更加优质、全面的服务。但国内图书馆中,除国家图书馆2006年创建的"中国图书馆情报学开放文库"、厦门大学图书馆创办的"学术典藏库"外,尚未见其他的机构知识库。可以说,我国图书馆机构库的构建尚处于起步阶段,机构库的建立将面临政策、质量评估、系统软件、收藏内容、经费、法律和人才等许多问题。学术图书馆有必要借鉴国外的成功经验,创建具有自己特色的机构库,以实现在数字网络环境下学术成果的开放与共享。

5.4.3.4 利用各种新兴技术

IFLA主席Alex Byrne在2005年2月举行的信息社会峰会突尼斯会议第二次筹备会上曾呼吁建立全球信息共享空间(Global Information Commons),希望世界各国政府及国际组织保障全世界所有的人都能拥有查询和获知信息的权利。Alex Byrne提出,要"鼓励安装开放存取系统,以便人们能够获得科技的、文化的和教育的信息"、"增强利用免费软件、开源软件和低成本合适软件的意识"。

(1)英国南开普敦大学EPrints

EPrints是英国南开普敦大学电子及计算科学系开发出来的一种免费软件包,是帮助创建院、系或机构出版物的电子文档。2000年底,EPrints第一版EPrints1问世;2002年2月,Eprints.org自存档软件新版本EPrints2发布。EPrints2提供多样化的用户友好特征和功能,包括①安装自动化;②多种文献存储的形式;③可配置、可扩展的学科组织层次;④基于网络的界面,简化文献提交程序;⑤包含与作者有关的元数据;⑥作者或读者都可在网上通过电子邮件订阅;⑦自动检查数据完整性等。

(2)开放统一资源定位符OpenURL

OpenURL(Open Uniform Resource Locators)开放统一资源定位符,最初由比利时根特大学Herbert Van de Sompel和同事在研制SFX(Special Effects)系统时提出,目的是把不同来源和不同通信协议的信息源及相关服务融合在一起,实现不同类型、不同格式和异地分布信息资源的无缝链接。OpenURL克服了传统链接框架的局限,可为用户提供上下文相关（Context-sensitive）的链接传递服务。OpenURL 规定了上下文对象（Context Object）元数据及其在网络中传输时采用的格式，形成一种开放的、上下文相关的链接框架结构。OpenURL 标准考虑到了多种新出现的基于不同网络的服务环境，在这些环境中，上下文之间的关联很重要。[1]

2005 年 5 月 2 日，美国国家信息标准组织（The National Information Standard Organization，简称 NISO）宣布，Open URL NISO Z39.88 标准－2004 情景敏感服务开放链接框架（The Open URL Sandard，NISO Z39.88－2004 The Open URL Framework for Con Text Sensitive Services）被正式批准为一项新的美国国家标准。OpenURLNISO Z39.88 已被 NISO 成员核准，NISO 网站已免费提供下载[2]。

5.4.3.5 争取多方支持

(1)争取政府支持

开放存取的发展离不开国家政策的支持。美国政府就有不少相关政策的支持。

①美国国家和机构开放获取政策研究报告。2002 年，美国国会启动了"国会图书馆国家数字化信息计划"，以"保证保存和长期获取数字化内容"。国会图书馆新的五年战略规划中也有直接推动开放存取运动的内容。

②美国国会通过国家卫生研究院（NIH）的开放获取计划。美国国家卫生研究院（National Institute of Health，简称 NIH）2004 年 7 月宣布，将要求使用 NIH 经费的研究人员将研究成果存储在 PubMed Central 中。如果研究人员用 NIH 的经费支付出版费，则必须立即存储到 PubMed Central，所有的论文在发表后的 6 个月必须存储。2004 年 11 月，美国国会通过了该决议，规定每位研究人员都

---

[1] 沈艺.OpenUR 及其应用.现代图书情报技术，2004(1).

[2] NISO. ANSI/NISO Z39.88－2004 The Open URL Framework for Context Sensitive Service. http://www.niso.org/standards/index.html.(2009/01/12).

必须自愿将经过同行评审并最终定稿的研究成果论文副本以电子版的形式提交给 NIH。在该研究成果论文公开发表 6 个月后,由 NIH 通过 PubMed Central 提供给公众免费检索[1]。

(2)争取出版商支持

在学术交流体系中,出版商的作用不可忽略,开放存取运动也需要得到他们的支持。2004 年 3 月 16 日,48 家非营利性出版商发布了免费访问科学文献的《华盛顿宣言》(Washington D. C. Principles For Free Access to Science:A Statement from Not-for-Profit Publishers)。[2] 该宣言提出,非营利性的出版商应该以保持和加强学术期刊的独立性、严格性、可信度和能见度作为自己的使命;将发行期刊所得收入再投资,以支持全世界的科学事业。该宣言发表后,包括美国图书馆协会在内的 10 个图书馆学会及组织立即发表声明表明支持。

(3)争取研究人员支持

研究者是开放存取资源的创作主体,如果没有他们的积极参与,开放存取出版就成了无源之水。研究者只有在切实感受到开放存取的便利和优越性之后,才有可能支持并参与开放存取。如斯坦福大学 HighWire Press 不仅拥有丰富的学术资源,而且还为用户提供个性化定制服务;香港科技大学机构仓储协助作者提交其作品和科研成果,负责文献的上载工作等。

5.5 我国发展开放存取面临的主要问题及对策

我国学者要重现研究适合我国国情的开放存取,要借鉴和学习国外先进的理论研究和实践经验,分析我国发展开放存取过程中面临的主要问题,从而采取有针对性的策略,这样将有利于我国开放存取运动的快速、健康发展。

---

[1] Washingt on D. C. Principles For Free Access to Science. A Statement from Not for Profit Publi shers.

[2] (美)Marta M. Deyrup,Martha F. Loesch 著;初景利译. 美国国家和机构开放获取政策研究报告. 图书情报工作动态,2007(3).

5.5.1 政策方面

政策能提高公众对开放存取运动的认识,促进开放存取运动的发展。上述发达国家关于开放存取的政策的重心是放在由政府公共资金支持的科研项目和学术成果上,这对于我国是一个很好的借鉴。相对于国外,我国的科研机构多数隶属于相关政府部门,我国的科研成果和学术论著的出版更多的是在政府资金的支持下完成的,因此我国更需要类似政策的支持,此类政策在我国会产生很好的效果。然而,目前我国却没有一个类似的政策对开放存取加以正确的引导和规范。

* 尽快出台我国的开放存取政策

首先,开放存取在我国有一定的社会基础。一些研究机构已经将政府资助项目的研究成果放在网络上供公众免费存取;同时大多数科研工作者也有这方面的需求。其次,发展中国家开放存取政策的陆续出台,也为我国提供了借鉴。如2006年11月2日至3日,印度科学协会在班加罗尔召开了有关电子出版和开放存取的会议,会议发布了"发展中国家的国家开放存取政策"。发展中国家在开放存取运动方面的实践,也为我国制定开放存取政策提供了借鉴。

因此为了使我国开放存取运动的健康快速发展,我国在制定开放存取政策时,应积极研究国外在开放存取建设中的先进经验,探索其运行机制和相关政策。在开放存取政策的酝酿过程中,应听取不同参与者的意见,兼顾不同社会集团的利益,争取获得其对政策的理解与支持,以减少政策执行中的阻力。

* 制定促进开放存取发展的相关政策

由于我国的科研资助机制和学术出版机制的特殊性,政府与有关科研管理部门应制定国家及机构的开放存取政策。从结构层次上看,我国科学合理的国家开放存取政策体系应该是由国家、科研资助机构、科研机构、高校、出版机构分别制定的开放存取政策共同组成。

首先需要由国家政府相关部门制定全国统一的、可供所有的组织机构共同遵守的国家政策,其主要作用是为全国各级组织、机构制定相关政策提供宏观指导。科研资助机构、科研机构和高校可以在与国家政策相一致的基础上,依据本机构的特点制定开放存取政策,规范所资助科研人员或机构成员的权利和义务。

其次,开放存取的发展同样需要出版机构的政策支持。出版机构应该根据国家宏观政策的精神,积极鼓励科研成果的开放存取;出版机构还应提供多种出版模式,由作者选择是否以开放存取模式出版自己的科研成果,或者选择以哪种开放存取方式出版自己的科研成果。

* 制定相关政策应注意的问题

(1)借鉴国外政策的制定机制及已有的政策成果

虽然国外的OA资源建设政策还没有形成成熟的政策体系,但已有众多的政策成果和经验可供我国借鉴。首先,我国应当出现一批由政府部门及权威机构制定的OA政策。其次,我国从上到下都应制定强制性政策,要求研究人员将其研究成果进行开放存取。从JULIET对科研资助机构OA政策的统计结果可以看出,强制性OA是国外OA政策的发展趋势。再次,国家层次的宏观政策应充分考虑不同机构在OA资源发展中的角色,重视政策的包容性。如芬兰教育部就分别对科研资助机构、高等教育机构和科研机构、期刊和学术团体、图书馆等制定了有针对性的具体的OA政策。最后,也可借鉴使用国外一些政策制定工具,如DOAR提供的"Policies Tool",在该工具的指引下,OA仓储即可生成包括元数据政策、数据政策、内容政策、提交政策(包括质量控制和版权政策等)、保存政策在内的政策网页,并可根据自己的实际情况进行一些个性化操作,如一些专门术语的使用等[1]。

(2)政策制定应结合OA资源发展的阶段性特点

OA资源的发展是一个过程,每个阶段的特点不同,政策重点也

---

[1] Suber P. An open access mandate for the National Institutes of Health. [2009-02-08].

应有所不同。Peter Suber 在讨论"地位、质量和开放存取"之间的关系时指出,期刊的地位是影响科研机构评定研究人员的成绩及研究人员选择投稿方向时的重要因素。目前 OA 期刊作为新期刊在地位上不如传统纸质期刊,期刊地位与质量的不对等、学术社区态度及用于评审研究论文费用的分配制度等都是 OA 期刊地位上升的障碍。在不忽视 OA 期刊建设的情况下,可以先鼓励建设大量存储后印本的绿色 OA 仓储,如同广告效应,使 OA 资源大范围地进入人们的视野,以促进其地位的提升。因此,在制定政策时,应当注意 OA 资源处于哪个发展阶段,从而采取适当的政策。这也提醒我们需开展多种调查,了解现阶段的 OA 建设条件、学术社区的资源需求、各群体对 OA 资源的态度、OA 资源建设的政策需求等,从而保证 OA 政策的适用性。

(3)重视政策的宣传和透明度

政策的制定是为了实施,否则所制定的政策就是一纸空文,不能发挥任何作用。而政策是否能被大众知晓是政策实施效果的决定因素之一。[1] 在信息爆炸的时代,如果不重视对特殊信息的组织和宣传,它将被淹没在信息洪流中而不被人们发现。我国正处在引导大众正确认识 OA 资源,确立 OA 资源发展模式的重要时期,对政策进行有策略的宣传非常必要。除了通过重要媒体对 OA 资源建设政策进行及时的通报宣传外,还可以学习 SHERPA 的做法,即建立专门网站对国家政策、各 OA 机构政策、出版商及科研资助机构的 OA 政策进行分类报道,并在其中链接国外相关政策供大众了解。这种提高政策透明度的做法必将使政策实施效果最大化。

5.5.2 学术评价方面

学术论文是评定科学工作者研究成果的重要指标之一,也是衡量其自身职业发展、学术影响力等的重要依据。为适应对研究者学

---

[1] 黄凯文,刘芳.网络科学信息资源"公开存取运动"的模式与方法.大学图书馆学报,2005(2).

术成果的评定，我国传统学术期刊分为国家一级、国家二级、省一级、省二级等不同层级，这其中又有核心与非核心之分，这实质上构成了我国的学术评价体系，然而这一体系并没有把"开放获取资源"考虑在内，从而导致研究人员对开放存取运动的冷漠。如何给予参与开放存取的科研人员与传统期刊的同等待遇，开放存取期刊如何体现于传统评价体系之中，是我们要尽快解决的另一个重要问题。

* 提高开放存取的社会认同度、建立科学的科研绩效评价体系

在我国，影响OA模式发展的因素除了世界范围普遍存在的版权制度外，还包括科研行政管理体制，其中科研绩效评价制度的影响尤为突出。我国现行的科研绩效评价体系带有鲜明的行政色彩。对学术论文的评价标准一般有两个：一是论文被引用情况，二是论文是否在核心期刊上发表。各科研机构一般都有期刊水平评定等级表，并按该等级表对科研人员发表的论文进行分级，以此作为评定职称或者学位的依据。由于我国大多数科研单位对科技人员的管理仍然沿用基于身份的管理方式，没有职称或学位就意味着得不到相应的科研经费、薪酬津贴等待遇。因此，选择在何种期刊上发表论文在很大程度上并不取决于作者个人的喜好和期刊的质量，而直接取决于科研人员所在单位对期刊的分级评价。

从目前的状况看，由于绝大多数开放存取期刊不在核心期刊之列，因而我国科研绩效评价体系的行政强制性特点确实限制了科研人员将其成果在开放存取期刊上发表。[1]有研究者对中国科学院所属16个机构的223位科学家进行了"科学家对开放存取态度的调查"，在调查不准备在开放存取期刊出版的理由时，调查者列举了12条理由，其中，18.4%的被调查者选择了"反对付费出版"，排在第一位；16.1%的被调查者选择了"不符合单位的考核评价标准"，排在第5位，两者仅相差2个百分点。

然而，我国科研绩效评价体系也为OA模式的发展提供了一个非

---

[1] 秦珂.开放存取期刊的资源体系及其发展问题探析.河北科技图苑.2006(5).

常有利的契机。毋庸赘述，如果将 OA 以某种合理的方式加入到评价指标序列中，将会引导众多的科研人员将其成果在 OA 期刊上发表，或存档到 OA 数据库，这将对 OA 在中国的发展起到很大的推动的作用。

*改革现行科研评价体系、鼓励科研人员积极参与开放存取

科研人员总是希望自己的科研成果能得到社会的承认，传统的成果确认方式主要是在公开发行的专业出版物上发表论文。在开放存取期刊及类似电子预印本系统上发表论文的成果认定问题上，不同的国家和机构有不同的做法，如 National Science Foundation 和 Stanford 大学等机构在申请课题、评审职务中，都认同把在开放存取期刊上发表的论文作为成果列入。但许多东欧国家、亚洲国家包括我国，在开放存取期刊和电子预印本系统上发表论文并没有获得有关部门的成果认定。国际开放存取社会的组织认为，当务之急是必须对传统的学术评价方法、模式、体制进行创新，提高开放存取出版论文的社会认同度，建立评价开放存取作品和网络期刊的方法和手段。如在英国，目前评估研究成果时已将开放期刊与传统出版物同等看待，而美国国家科学基金会和斯坦福大学等，在申请课题、评审职务中都承认开放期刊为合法文献。

在学术交流方面，反映在"中国预印本服务系统"和"Biomed Central"的 OA 出版方面，我国的科研工作者投稿的数量稳步增加；从文献的传播与利用两方面结合看，OA 资源给中国的学术工作者带来了很多益处。因此，我国应制定相关的开放获取扶持与约束政策，明确规定由国家科研基金资助的科研成果属于公共产品，其内容应当通过开放式科研成果论文数据库向广大读者免费开放。[1] 从理论上说，受政府资助的科研论文成果对公众免费开放存取包含着法理基础和公众认同感，公众有权要求免费获得含其纳税款资助的科研成果。对于非政府、机构资助的科研项目，鼓励科研人员将论文成果

---

[1] 贺晶晶，刘钊.我国开放存取政策探讨.高校图书馆工作，2007(1).

投稿于 OA 资源,尽可能扩大知识的传播途径和范围。对于成为 OA 资源的科研成果的作者予以奖励或资助。另外,还应从科技管理体制方面加以改进,改革现行的科研评价体系,将开放获取期刊纳入科研评价之列,以促进开放获取这一新的学术交流模式的发展。

5.5.3 认知度和认可度方面

5.5.3.1 用户对开放存取的认知度和认可度不高

为了较准确地把握科研人员对开放存取的看法,原中科院文献情报中心初景利于 2007 年 5 月专门设计了一份"科研人员对于开放存取(OA)情况的调查表",历时约 3 个月,完成了调查表。结果表明:在"对 OA 的认知度"方面:50% 的科研人员从未听说过开放存取或 Open Access(OA),38% 的科研人员对开放存取或 Open Access(OA)接触过但不太了解,仅有 12% 的人对开放存取很了解。在对"OA 的认可度"方面:对开放存取或 Open Access(OA)认同的占 39%,无所谓的占 44%,反对的占 17%。另外在"OA 期刊上发表论文,可以接受的费用范围"方面:27% 的科研人员选择可接受费用范围在 500 元以下,选择费用范围在 500~800 之间的占 40%,两者合计占 67% 左右。在"不愿意在 OA 期刊上发表论文的理由"方面:不被承认(评职称、申报课题等)位居第一,占 77% 左右;"期刊质量不高"的因素为 42%。在"是否愿意将你的成果放入知识库"方面:56% 的调查者选择愿意将成果放入图书馆知识库,不愿意将成果放入图书馆知识库的有 44%。另外,仅有少数的科研人员以 OA 形式发表过论文,其中大多数只发表 1 篇左右。这些数据表明,目前我国开放存取的社会认同度还处于很低的水平。

与国外开放存取运动的主要推动力量是学术界和科学界不同,目前我国对开放存取的积极倡导者是图书情报学界。调查表明,目前我国有关开放存取方面的学术论文有 90% 以上发表在图书情报类期刊上,其余一小部分发表在新闻出版类期刊上。开放存取的最大受益者是学术和科技界,理应得到他们的积极倡导和大力支持。究其原因，主要是一个认识不足的问题。

5.5.3.2 提高对开放存取资源的认知度

* 开放存取理念期待深入人心

开放存取出版模式符合学术出版的初衷，是一种理想的学术出版模式。但其发展还有赖于开放理念的深入人心，并得到各个方面的认同，包括政府机构、科研人员、大学、学会/协会、图书馆、基金会、非赢利性出版机构，甚至是商业出版商。解决这个问题的出路在于大力宣传和普及开放存取知识。很多图书馆(如哈佛大学、麻省理工学院、华盛顿大学、密歇根大学、清华大学图书馆、宁波大学图书馆、中国科学院半导体研究所图书馆等)都在主页上宣传和推荐这种新的学术交流方式，并对开放存取免费资源做了相关链接；而堪萨斯(Kansas)大学图书馆把它作为一种服务内容，提出建立能充分满足当前和未来研究者需要的学术交流系统，需要教师、图书馆员和出版社的积极合作，并建立了自己的机构资源库 KU Scholar-Works；约翰·霍普金斯(Johns Hopkins)大学为鼓励科研人员支持新型学术交流的发展，作为机构会员参加了 BioMed Central，这样其科研人员向 BioMed Central 出版的期刊提交论文就可以免交 500 美元的版面费[1]。

为了促进开放存取资源的有效利用，提高用户及馆员对开放存取资源的认知程度，图书馆要开展多种形式的宣传推广教育。可通过宣传窗、分发宣传资料、开设"开放存取资源的利用"专题讲座，利用图书馆网站、网上留言簿、电子论坛及电子邮件系统等途径对开放存取资源进行宣传和推广，以提高用户对于开放存取资源的认知度。

5.5.4 知识产权方面

从使用角度讲，开放存取就是允许他人免费使用已经发表的研究成果，这种模式与现行的版权法并不冲突。开放存取出版模式只

---

[1] 繁军,游苏宁.关于开放存取出版模式的问卷调查.中国科技期刊研究，2007(5).

限于出版作者愿意免费提供使用的作品,它充分尊重作者的个人意愿。如 BOAJ 明确指出,它提供的免费信息不包括作者未授权的作品,而只限于作者同意免费使用的作品。基于开放存取模式的作品又不是通常意义上所说的"公共领域作品"。与公共领域作品不同的是,开放存取出版模式可以让作者保留基本的权利,比如保护作品完整权和作者的署名权等。如 BioMed Central 规定,在其期刊上发表研究成果的作者拥有论文的著作权,他人全部或部分引用论文必须注明相关信息,如论文题目、论文作者和论文出处等[1]。

从作者的角度考虑,他们发表论文的目的是扩大其科研成果的影响而不是获得经济利益。所以,他们当然希望自己的科研成果能被读者自由方便地在因特网上得到,但同时又不得不考虑出版社的态度。[2] 在初景利的关于"你怎样看待使你的论文在因特网上可以得到?"的调查中,有 38.1% 的人认为,"如果使论文在因特网上得到,将没有任何期刊肯发表它";另有 38.1% 的人认为,"如果使已发表的论文可在因特网上得到,那么,由出版者同意转让版权的规定将被打破"。可见,版权方面的顾虑严重影响了作者的选择。要解除作者的顾虑,首先应该明确作者的哪些行为可能构成对著作权的侵害。

* 解决知识产权争议

开放存取知识库在知识产权方面尚存在一定障碍。预印本由于是投稿前的版本,作者对文章拥有版权,因此,存储预印本不需要经过任何人的同意。后印本是正式出版的版本,如果作者在作品出版时已经将版权转让给出版商,那么作者将作品提交到开放存取知识库就需要经过出版商的同意,对此,作者应提高知识产权保护意识,向出版社要求保留在网络上张贴作品的权利,这样作者就可以自己决定是否把后印本加入各种开放存取知识库或者张贴在网站上。对于已经转让了版权的论文,可以鼓励作者与出版商协商,尝试修改版

---

[1] 何燕,宁劲.开放存取影响下的图书馆.大学图书情报学刊.2007(6).
[2] 郑垦荒.开放存取面临的主要问题及图书馆的应对策略.情报理论与实践.2006(3).

权转让协议。有调查表明，约有70%的出版商已经同意作者存储后印本。

＊加强开放存取的知识产权保护

现行版权法赋予作者拥有限制作品传播的权利，同时也赋予作者自由传播作品的权利。开放存取出版模式只限于出版作者愿意免费提供使用的作品，它充分尊重作者的个人意愿。OA期刊允许作者保留版权，同时也要求作者在提交论文的时候承诺遵守一定的协议。目前比较常用的是《创作共用授权协议》（Creative Commons License）。作者应向出版社表示要保留在网络上张贴作品的权利，这样作者就可以自己决定是否把Postprint加入各种机构库，或是张贴在自己的博客等个人站点上。如奇迹文库建议作者在向专业期刊投稿的时候，向期刊编辑部书面要求保留张贴Postprint的权利。它同时还倡议所有的中文学术期刊在投稿须知及版权转让协议中明确规定："作者有向开放电子文库张贴及更新自己论文的权利，作者有把自己论文张贴到自己或其所属研究机构网站的权利。"

5.5.5 出版运行模式方面

＊开放存取在我国的最佳运行模式

纸本期刊出版商不愿意放弃或减少经营纸本期刊获得的收益。而基金会和科研机构则欢迎科研人员在开放存取期刊上出版受资助的科研成果。

上世纪末，我国投资建立了以中国期刊网为主的中国学术文献网络出版总库，包括中国学术期刊网络出版总库、中国博士学位论文全文数据库、中国优秀硕士学位论文全文数据库、中国重要会议论文全文数据库、中国重要报纸全文数据库、中国专利全文数据库、中国标准数据库、中国科技成果数据库、国外标准数据库、中国年鉴网络出版总库、中国图书全文数据库、中国引文数据库等12个数据库。其中的中国学术期刊网络出版总库(中国期刊网)影响最大。[1] 对比中国期刊网与开放存取期刊的运作方式,可以得出这样的结论:中国期刊网实质上也是开放存取期刊网,只不过是阅读付费罢了。但是,这种付费绝大多数情况是读者所在单位付费,而不是个人付费。而且目前购买中国期刊网阅读权限的机构绝大部分是国家拨款的机构。这跟国家再投资建设中国开放存取期刊有何区别?因此,笔者认为,目前的中国不适宜再建立独立运行的开放存取期刊。最好让中国期刊网增加开放存取功能,否则,就是浪费资源。所以,中国开放存取期刊的运行模式是改造现有网络期刊系统。

* 发展开放存取的中国特色之路

OA 在我国的发展受到诸多因素的影响。其中国家和机构采取什么样的 OA 政策具有十分重要的作用。利用政策的杠杆作用,采取积极而有效的措施,是推动 OA 发展的最重要手段之一,对加快建立新的学术交流模式具有十分积极而重要的意义。

(1)对创办 OA 期刊的建议

BMC 所出版的所有 OA 期刊论文都必须经过严格的同行评议。严格复杂的评审过程虽然保证了论文质量,但也导致了论文发表费用的提高。如 PLoS Clinic Test 2006 年的收费标准是每篇论文 2 500 美元。高质量的 OA 期刊自然产生非常高的退稿率,而对退稿的稿件不收任何处理费用也会造成 OA 成本增高。如 PLoS 出版的生物学顶级杂志 PLoS Biology 的退稿率高达 90%。除此之外,维护日常 OA 期刊运转的成本,还包括印刷与发行费(部分由订阅费弥补)、营销成本、网络维护费、编辑人员酬金、卷首内容制作费、一般企业管理费(职员工资、租金、办公、管理等)[2]。

相对而言,国内的 OA 期刊发展在作者付费方面就不存在成本高的问题。因为维护期刊运行的最大成本不是同行评议费,审稿费的

---

[1] 王云才.国内外"开放存取"研究综述.图书情报知识,2005(6).
[2] 沈坤,黄水清.现阶段国内用户对 OA 资源认同度的调查与分析.情报理论与实践,2008(2).

收取也解决了退稿支出问题。事实上,作为中国期刊,最大的维护成本——员工工资也已经由相关支持机构支付。所以中国的OA期刊发展面临的最大问题是公众观念的转变及国家政策的支持。[1] 在当今中国的实际国情下,鼓励科技期刊将过刊全文上网(即延时OA期刊)或摘要上网、现刊进行摘要与题名上网(即部分OA期刊),逐步发展OA期刊,更符合科技期刊发展的实际。

(2)大力发展自存档

开放存取仓储是根据自存档原则建立的,它是一种基于网络的免费在线资源库。库中的内容是作者通过"自存档"形式存入的。一般由一个机构(特别是大学)或者一个学科组织建立,用户可以免费在库中检索和下载文章,也可以对文章发表自己的看法。机构OA仓储(IR)是学术机构为收集并保存机构的智力成果而建立的数字资源仓库。它有两个重要使命:一是克服现有学术交流模式的弊端,实现研究成果的开放存取;二是长期保存机构的研究成果,并借此提高机构的学术声望、学术水平和社会价值。

在中国,许多优秀科技成果选择在国外商业性学术期刊发表,此举往往使知识产权落到出版商手里,使这些由国家公共投资产生的科研成果成为国外出版商索取高额利润的资源。这就将科学研究推入一个尴尬境地:为了能让科研成果得到更广泛的传播和利用,我们把投入了大量人力、财力的最好的科研成果交了出去,结果当自己需要使用时,却要交上一笔使用费,且很多时候由于价格高而无法获取。建立机构仓储则可以为国内一些优秀的论文提供合法的存储空间,不失为解决这一问题的良策。应采取切实有效的措施发展壮大已有的预印本系统,鼓励作者自存档;制定IR的相关政策,以推动我国OA运动的进一步发展。

(3)改善开放存取发展的政策及环境

在科研项目立项审批及科研成果认定上,应借鉴国外经验,重视

---

[1] 常廷文.试论我国学术期刊的集约式网络出版.出版科学,2005(1).

作者在 OA 期刊上发表的成果,将其作为职称晋升、拨款的依据之一,这样必定会大大促进 OA 期刊在国内的认可度和国内学者投稿 OA 期刊的积极性。

行政干预也是一个发展预印本系统的好办法。"中国科技论文在线"系统通过行政干预,由各高校协助进行宣传,并定期发布各高校发表论文数量排序情况,以提高各单位参与该系统建设的积极性。如教育部科技发展中心明确要求:所有博士点基金资助课题的负责人应于课题结题前在该系统发表 2 篇以上的论文,并视该系统与其他刊物等同。加大宣传力度,提高科学工作者对 OA 的认识。向国内的研究人员和相关人员宣传开放存取理念,鼓励研究者参与到开放存取运动中,培养其投稿的积极性。如"中国科技论文在线"的主办单位———教育部科技发展中心,在系统成立时就在各高等院校科研管理部门进行了宣传和推广,因此提交论文的数量和人数均远远超过国内其他的电子预印本系统。又如,"奇迹文库"为了让更多人支持公开共享科研论文,发出了利用互联网公开共享科研论文的倡议书,呼吁支持科研论文在我国的开放存取。香港科技大学图书馆的 IR 实践也证明了宣传在构建 IR 中发挥的重要作用。在推广与宣传 IR 时,香港科技大学图书馆向作者演示其文献可被搜索引擎寻获,而且可被 OAIster 收录,以激发作者存放文献的兴趣;该馆采取许多行之有效的方法主动向校领导、部门负责人、研究人员、研究生宣传 IR,并通过编印宣传小册子扩大 IR 的影响力;当 IR 收录条目达到 1 000 条时,该馆还举办了一个庆祝会,对投稿的前十名作者进行奖励。通过多种途径的宣传,香港科技大学图书馆已使该校师生大力支持 IR 的构建,养成把其学术成果存放在 IR 的习惯,形成了良好的校园文化氛围。

总之,要大力宣传 OA 的优势,扩大 OA 在国内的影响,走有中国特色的 OA 之路。

第6章 开放存取资源的获取策略及长期保存

6.1 开放存取资源的获取策略

开放存取资源的收集是使开放存取资源馆藏化的前提与基础，这需要图书馆利用自身专业优势在充分熟悉开放存取资源分布状况的基础上，掌握获取开放存取信息资源的方法。目前，已有学者从信息资源开放存取的实现途径，如机构库、开放存取期刊的角度讨论开放存取资源的获取途径与方式，尚未见从开放存取资源的主要实现途径之一的学科库角度进行系统探讨。

6.1.1 访问开放存取资源的注册站点

"开放存取仓储指南"(Directory of Open Access Repositories，DOAR)。[1] 目前 DOAR 收录学术性仓储 1 100 余个。按国家和地区列举收录的仓储；允许用户按学科、国家、资源类型、语种、仓储建设软件、仓储收录资源的内容和仓储类型途径对仓储进行浏览与检索，且用户可推荐资源。

"开放存取仓储注册"(Registry of Open Access Repositories，ROAR)。[2] 现注册的 OA 库有 1 102 个。允许用户从仓储的地域范围、使用的软件、仓储的内容途径进行浏览与检索，可按仓储名称、记

---

[1] Open DOAR. http://www.opendoar.org/.
[2] Registry of Open Access Repositories. http://www.roar.eprints.org/.

录总数、注册时间及活动情况进行排序。

其他 OA 资源注册站点还有:英国联合信息系统委员会信息环境服务注册、核心开放存取 e 印本仓储列表和 OAI-PMH 数据提供者注册等。

6.1.2 利用开放存取期刊目录

为了便于用户通过一个站点尽可能多地获取分散于不同站点的开放存取资源,节省利用 OA 资源的时间,开放存取期刊目录应运而生。可利用这些目录提供的期刊浏览与检索功能,了解某一种期刊或某一个学科有哪些期刊可开放存取。

▲ DOAJ

收录覆盖所有学科、所有语种的高质量的开放存取期刊。收录主题包括:农业及食品科学、美学及建筑学、生物及生命科学、经济学、化学、地球及环境科学、一般主题、健康科学、历史及考古学、语言及文学、法律及政治学、数学及统计学、哲学及宗教学、物理及天文学、一般科学、社会科学、工程学等。DOAJ 的目标是:增大科学期刊开放存取的显示度,方便用户使用开放存取期刊,促进开放存取期刊的使用,扩大开放存取期刊的影响力。DOAJ 均允许用户阅读、下载、复制、传播、打印、检索或链接全文。

▲ Open J-Gate、J-STAGE 和 SciELO

印度的 Open J-Gate 是目前世界最大的开放存取期刊门户,提供基于开放存取期刊的免费检索和全文链接。它由 Informatics(India) Ltd 公司于 2006 年创建并开始提供服务。其主要目的是保障读者免费和不受限制地获取学术研究领域的期刊和相关文献。目前,收录 3 000 余种学术研究与行业期刊,其中 1 500 余种为经同行评审的学术期刊[1]。允许用户按刊名字顺浏览;浏览页面还允许用户检索以某个词开头或含有某一个词的期刊,可惜不能按主题查找期刊。其"快速检索"与"高级检索"功能均提供对期刊内容的检索,还可将检索范

---

[1] What is Open J-Gate? http://www.Open J-gate.com/About Open Jgate.asp.

围限制在"同行评审期刊"或"专业与行业期刊"。

▲ 日本科学技术信息集成系统(Japan Science and Technology Information Aggregator, Electronic. J-STAGE)由日本科学技术振兴机构开发。该系统有英文和日文两个版本,收录日本各科技学会出版的文献(以英文为主),包括484种电子期刊,115种会议录、10种研究报告和42种JST报告。可按6大学科领域浏览期刊,有"题名检索"和"论文检索"功能,提供简单检索与高级检索的选择。

▲ 科技在线图书馆(Scientific Electronic Library Online. SciELO)有选择性地收录了数百种巴西科学期刊,涉及7个学科大类。其"连续出版物浏览"有支持按刊名字顺浏览、期刊主题浏览和通过检索表单检索含有某个单词的期刊的功能。可从题名、著者、主题、摘要、出版年、论文类型、作者隶属机构与所在国家途径进行检索[1]。

另外,还有"开放科学目录"(Open Science Directory)[2]。该目录是在联合国教科文组织(UNESCO)的海洋学专家要求下,由Hasselt大学图书馆和EBSCO合作开发的,定位于"开放存取期刊和为发展中国家建设的期刊检索工具"。可检索DOAJ等著名项目收录的13 000多种OA期刊。可按刊名和主题浏览期刊。

我国开发的开放存取期刊目录有:

浙江大学图书馆建立的"人文社科类开放存取"收录了900余种人文社科类OA期刊及300多个人文社科的知识库信息。分为18个大类,对期刊按字母顺序或分类显示其信息,包括刊名、起始时间、ISSN号、网址、分类、出版商、语种及简介等。但该网站中的信息更新较慢[3]。

中国教育图书进出口公司开发的Socol@r提供7 260种OA期刊和975个OA仓储的导航、免费文章检索和全文链接服务[4]。分为17

---

[1] SciELO. http://www.scielo.br/.

[2] Open Science Directory. http://www.Open science.Directory.net.

[3] 浙江大学图书馆SSOA期刊. http://www.lib.web.zju.edu.cn/Java Lab/guest book/ oa.Jjsp.

[4] Socol@r. http://www.socolar.com.

个大类。可按字和学科浏览期刊(依据《中图法》的分类),可从刊名、ISSN、关键词、简介等角度对期刊进行检索;支持期刊内的"文章检索"。

由于我国目前的OA期刊数量有限,所以,上述两者收录的绝大多数都是国外的OA期刊。

6.1.3 重视检索开放存取资源的工具

OA资源多分布在隐性网站(Invisible Web,Hidden Web)中,而Google等通用搜索引擎在检索隐性网站时效果不甚理想。OA资源搜索引擎主要采集世界各国开放存取仓储的资料,但在收录资源的学科范围、类型等方面各有侧重。

(1)综合性开放存取资源搜索引擎

下面将重要的综合性开放存取资源搜索引擎整理成表,如"表6-1"所示。[1]

表6-1 重要的综合性OA资源搜索引擎

名称	网址	开发者	收录资源与特色	检索功能
OALster	www.oaisterorg	密西根大学图书馆	学术数字资源。收录1000多个OA仓储。是最大的OA资源检索工具之一。	可限制检索字段(题名、著者或创作者、主题和语种)和资源类型;提供检索结果排序方式选择。
Scirus	www.sciruscom	Elsevier	科技搜索引擎。搜集网上所有科学的及与科学有关的站点。	有"基本检索"和"高级检索"两种检索模式。后者允许用户选择检索词间的逻辑关系。可检字段有:论文题名、刊名、著者、著者所在机构、全文、网址。
Index Data	www.indexdate com/opencontent	丹麦Index Data	公共领域的电子图书、OA仓储和维基百科	支持布尔逻辑检索、全文检索。

---

[1] Open Archives Initiative. http://www.Open archives.org/community/index.html.

续表

名称	网址	开发者	收录资源与特色	检索功能
DP9	http:/dlih cs odu edu/dp9	洛斯阿拉莫斯国家实验室等	允许用户使用15种界面语言(包括简体中文与繁体中文)。	可选择只对开放仓储进行检索。其"高级检索"功能更多,如可进行字段限制、日期限定。
Gold Rush	http://goklrush coalliance org	科罗拉多研究图书馆联盟	可将检索范围限制在公共检索资源。	可检字段有:刊名、数据库名称、关键词、主题和ISSN号。

(2)专门检索某一类开放存取资源的搜索引擎

"表6-2"[1]列举了有影响的检索免费图书与期刊的工具,另有检索免费学位论文的"网络化学位论文数字图书馆"(NDLTD)、检索7万多个免费数据库的Complete Planet等。

表6-2 重要的专门类型OA资源的检索工具

资源种类	检索工具名称	网址	特点
免费图书	Google图书搜索	http://www.google com/books	其"高级图书搜索"功能允许将检索范围限制在"仅全书浏览"。
	Searche Books	http://www.searchebooks com	
	The Ohline Books Page	http://digital library upenn edu/bools/	由美国宾州大学图书馆馆员制作与维护。收录了3万余种免费电子图书。
	Digital Book Index	http://www.digitalbook index org/	自称收录10万多种电子图书、电子文本和电子文献。可从多种途径浏览与检索。
	Audio Books for Free	http://www.audio-books forfree com/	可从语言、作者、播放时间等途径进行检索,需要免费注册才能下载。
免费期刊	Genamics Journal Seek	http://joumalseek. net/	是最大的可免费利用的期刊信息分类数据库。收录期刊94 000余种。可按类别浏览,也可检索某一种期刊。
免费期刊论文	Find Artides	http://www.find articles com	可免费检索1998年至今的文献。
	Online Journal Search Engine	http://www.ojose com/	可检索和下载60多个商业数据库和来自HighWire Press开放存取库中的论文、研究报告、图书等。
	Magportal com	http://www.magportal com	可查找免费期刊的全文。

---

[1] Open Archives Initiative. http://www. Open archives. org/commu nity/index. html.

(3)专门检索某一个或某几个学科 OA 资源的搜索引擎

很多学科都有自己的搜索引擎,如检索自然科学资源的 Search Science 和 SciSeeK,检索化学结构的 EMolecules 等;还有专门针对某学科免费资源的搜索引擎,如计算机与信息科学领域的 CiteSeer,图书情报学领域的 DL-Harvest 和 METALIS 等。

6.1.5 合理利用综合性搜索引擎

搜索引擎是网络环境下学术交流的重要工具,一种学术信息资源是否在搜索引擎的覆盖范围内,将决定它的利用率的高低,进而决定该信息内容的影响力的大小。一般来说,用户更习惯于通过通用的搜索引擎如 Google、Yahoo 来获取开放存取资源。有资料显示:约 65% 的用户是通过 Google 来查询 DOAJ 中的论文的。目前,大部分开放存取资源是作为动态资源被存储在数据库中的,对主流通用搜索引擎是不透明的。因此,有必要打破传统搜索引擎的限制,让主流搜索引擎能够对数据库内的学术资源进行爬行、下载、索引,并提供广泛的检索服务。目前,国外 Old Dominion 大学有项目专门研究如何将数据库中的资源贡献给搜索引擎的方法,该项目为每个 OAI 数据库定义一个爬行器入口网页,爬行器通过该网页中的链接就可以爬行到 OAI 数据库中的所有数据。

一般用户并不了解上述站点或工具,而是利用通用搜索引擎发现所需资源。据在线竞争情报服务机构 Hitwise 统计,2008 年 8 月份,美国用户 71.01% 的搜索是通过 Google 进行的,同期 Yahoo、MSN 和 ASK.com 所占的份额分别是 18.26%,5.32% 和 3.45%。

(1)巧妙构造检索式

由于不同搜索引擎的功能和使用的逻辑运算符不同,因此,具体检索时,检索式中的运算符要根据选定的搜索引擎支持的运算与使用的符号作相应变化。"表6—3"[1]列出了不同检索需求时的检索式(因目前的中文OA资源较少,且中文检索式比较简单,主要列英文检索式)。

表6—3 不同检索需求时的检索式

检索需求	可用的检索式	说明
笼统地查找开放存取资源	"publicly accessible resources"、"publicly available resources"、"open access materials"、"open access literature"、"open access resources"、"freely accessible resources"、"eprints(或archive,repository)"、"open source collection"	""表示精确检索(短语检索);也可将这些检索词与学科(主题)名词进行组配来查找某学科(主题)的OA资源,如:eprints AND chemistry;archive AND "library and information science",repository AND "yale(harvard,Stan ford,New York...)university"
查免费电子期刊	"full text" AND free AND journal、free AND ejournal、"open access journal"	
查免费电子图书	"open source book"、"free ebook"、"free book"、"free audiobooks"、"audiobooks for free"	
查学科库	"disciplinary archives"、"disciplinary repository"、"subject (discipline) based repositories"、"subject specific repositories"、"discipline orrented repositories"、"domain specific data archives"	
查机构库	"institutional repositories"、repository AND "学校名称"	

(2)善于利用搜索引擎的特定功能

Google允许用户查找包括PDF格式在内的许多非HTML格式文件,可在其高级检索界面通过下拉菜单点选,也可直接在其简单检索界面通过关键词加文件类型限定(如Filetype:pdf)实现。Google学术搜索可用于查找包括期刊论文的预印本与后印本、学位论文、书籍、文摘和技术报告在内的学术文献全文和付费电子资源提供商提供的题录信息(偶尔提供部分免费原文)。Google目录在Science Publications Journals Free Online Journals下列出了50余种免费在线期刊,用户可以在该类下进行检索,并点选检索范围"Search only in Free Online Journals"。

---

[1] Open Archives Initiative. http://www. Open archives. org/communi ty/index. html.

6.1.6 合理利用专门搜索引擎

专门的开放存取文档搜索引擎主要有 OAIster、Citebase、Scirus、BASE 等。OAIster 搜索引擎是由美国密歇根大学图书馆推出的数字图书馆服务产品。到 2008 年 12 月,有开放存取期刊和开放存取知识库的 1 800 多万条记录,涉及农业、天文、生物、化学、计算机科学、地球科学、生态学、工程、医学、数学、物理、经济学等众多学科领域;提供电子图书、电子期刊、录音、图片及电影等数字化资料,且数据每周更新。Citebase 是英国南开普顿大学和美国康奈尔大学图书馆合作建立的。它允许用户检索学术论文,并将检索结果按照用户所选择的标准来加以显示。如根据论文或作者被引用或被浏览的次数来排列,被称为学术论文的"Google"。Citebase 还提供电子印本库的参考与链接和引文与影响分析服务[1]。

另外,如 Elsevier 的 Scirus 是一个专门的学术资源搜索引擎,可以搜索自 1920 以来的超过 4.5 亿个与学术相关的网页,其中超过 1.5 亿网页来自教育类网站,且数据每月更新。德国比勒费尔大学图书馆的学术搜索引擎 BASE(Bielefeld Academic Search Engine)是一个多学科的学术搜索引擎,采用国际通用的 OAI 协议,提供对全球异构学术资源的集成检索服务。到 2008 年 12 月 6 日,存有来自 519 个机构的 720 多万条记录。

6.1.7 参考免费资源评价结果或导航

免费资源评价或导航是图书情报机构的专家利用信息检索与评价的优势对包含开放存取资源在内的免费资源进行选择与推荐的结果,值得参考。

美国图书馆协会(ALA)自 1999 年以来,每年评选出最佳免费参考网站。

---

[1] FreeBooks.[2008-12-15]. http://www.e-book.com.au/freebooks.html.

目前国内外许多图书馆都很重视制作免费资源导航。如澳大利亚的"Free Books"提供澳大利亚、新西兰及世界各地最佳免费数字图书馆、免费电子图书、免费有声图书等的导航服务,涉及地域广,收录资源类型多样,数量大。

开放存取资源的来源渠道与检索工具多种多样,但不同来源渠道与工具的收录范围、功能有别。[1] 除上述几个主要、集中的收集渠道外,开放存取资源还分散于国际组织、地区性组织及各国各级政府机构、图书馆、学会、协会、出版社等类型的机构网站。需要针对不同的需求而选择合适的检索工具,巧妙构造检索式,及时调整检索策略。由于开放存取资源增长很快,收集时要注意通过开放存取领域的邮件列表、讨论组、论坛、博客、RSS订阅等途径及时跟踪该领域的最新动态。

6.2 开放存取资源的长期保存

目前,一些较为著名的外文数据库(如 Elservier)所收录的期刊有一大半都是能开放获取的,这说明了开放存取资源的数量之巨大,也间接证明了开放存取资源的高质量。国际图联(The International Federation of Library Associations,IFLA)与国际出版者协会(International Publishers Association,IPA)在《永久保存世界记忆:关于保存数字化信息的联合声明》中也有如下表述:"日益增长的仅以数字形式出版的信息如同传统印刷型出版物一样重要,同样具有长期留存的文化价值和历史意义。尽管长期保存这类信息的费用是昂贵的,但不保存则将造成灾难性的损失。"开放存取资源当然是这类信息中很重要的一部分。如果仅能访问但并不拥有文献资源,则会危及图书馆作为文化遗产保管者的地位。如果不能收集电子化的研究成果,将会遗失现有的信息资源。由于未加以长期保存或保存不当,目前已经有一些开放存取数字资源消失,不能再获取。

---

[1] BestFree Reference Web Sites 2007 Ninth AnnualList. http://www.ala.org/ala/rusa/rusources/mars/marspubs/cfm.

6.2.1 开放存取资源长期保存的保障问题

开放存取资源作为人类文明的产物,像书籍一样理应得到长期保存。然而由谁来进行保存、资金从何而来、保存过程中如何始终保持信息的真实性和可读性等,都是必须考虑的问题。

6.2.1.1 机构保障

国际图联与国际出版者协会在《永久保存世界记忆:关于保存数字化信息的联合声明》中提出:"出版机构承诺短期保存他们出版的数字形式的出版物,而图书馆则应通过与出版机构的协商,承担起长期保存这类出版物的责任。"由于资源保存的长期性和所需投入的巨大资金,因此,应该由长期存在的、有经费来源的非营利性机构来完成保存的任务。而图书馆从产生之日起就担负有保存人类文化遗产的功能,由图书馆来实现开放存取资源的长期保存是非常合适的,尤其是国家图书馆更应该起到主导的作用。

▲ 国家图书馆

许多开放存取出版商已经与图书馆展开合作,将一些资源交给图书馆代为长期保存。生物医学期刊出版中心(BioMed Central)是一家出版同行评议开放存取期刊的机构,为了使自己拥有的170余种生物医学杂志能够得以长期保存,其在全球的4家机构都做了镜像保存,其中包括德国国家图书馆、美国国家医学图书馆,同时还参与了英国国家图书馆的"电子期刊试验项目(E-Journals Pilot Project)",准备把所有的资源在英国国家图书馆进行长期保存[1]。

图书馆,尤其是国家图书馆和高校图书馆早已开展数字资源的长期保存工作。美国国会图书馆2003年通过NDIIPP计划来发展、设计和实现国家的数字资源长期保存基础结构;澳大利亚国家图书馆联合7家州级图书馆形成了分布式的保存网络——PANDORA,以此长期存储因特网上重要的联机出版物;荷兰国家图书馆建立了电

---

[1] The Open Access Citation Advantage:Quality Advantage or Quality Bias. http://www.open access.eprints.org/index.php/archives/.

子出版物存储系统 E−DEPOSIT。虽然这些系统并不完全是只针对开放存取的数字资源,但开放存取资源也是其中重要的一部分。许多国家都有电子出版物的呈缴本制度,因此,国家图书馆收集电子资源、取得授权都相对容易,故国家图书馆在开放存取资源的长期保存中应发挥重要的作用。

▲ 高校图书馆

一些大学,尤其是著名大学图书馆纷纷通过建立机构库来存储并长期保存本校的学术成果,以实现学术成果的开放存取,促进学术交流。如麻省理工学院与惠普实验室联合开发的 Dspace 开放源代码数字存储系统、英国南开普顿大学电子与计算机科学学院开发的 EPrints 等,都是存取、管理和长期保存学术成果的系统。

许多大学运用 DSpace 系统或对其稍加改造来构建自己的机构存储系统,以为大学的教学、科研提供一个存储、利用共享的平台。在 Dspace 网站上,列出了已知的利用 Dspace 系统建立自己的机构仓储的机构名称列表,对其稍作观察和统计就可以发现,除了少数的博物馆、研究所和其他信息机构外,90% 以上是高校图书馆。通过 ROAR(Registry of Open Access Repositories),我们发现在其中登记注册过的机构库就有 1 300 多个,其中超过半数是利用 Dspace 和 EPrints 建立的仓储系统。可以从 Dspace 的成员情况推测出这 1 000 多个机构库中大部分是由高校图书馆建立的。高校图书馆已成为开放存取资源长期保存的主力之一。

在国内,2005 年,50 多所大学图书馆的馆长在武汉大学探讨了数字化时代大学图书馆合作与信息资源共享问题,讨论并原则通过了《图书馆合作与信息资源共享武汉宣言》,宣言中提议高校图书馆应"建设特色馆藏,开展特色服务。建立一批特色学术机构库(Institutional Depository)"。国内许多高校图书馆已开始了这方面的尝试,厦门大学就利用 Despace 系统构建了自己的学术典藏库(XMU IR),用来长期保存厦门大学的学术成果。

▲ 开放存取出版社及其他信息机构

许多开放存取出版商也建立了长期保存系统或参与一些长期保存项目。牛津大学出版社 2004 年通过协议成为 LOCKSS(Lots of Copies Keep Stuff Safe)的成员,使其开放存取资源得以长期保存;2006 年又与 Portico 签订协议,委托其长期保存自己的开放存取资源,并每年支付一定费用给 Portico。另外,还有一些开放存取出版社建立了自己的长期保存系统[1]。

6.2.1.2 技术和标准规范保障

要建立开放存取资源的长期保存系统,必须考虑建立一个什么样的系统框架模型,为所存储的信息确定什么样的元数据标准,在长期保存过程中怎样始终保持信息的真实性,避免失真等问题。

▲ 概念模型

目前国际上通用的是开放档案信息系统参考模型(Reference Model for an Open Archival Information 63 System,简称 OAIS 参考模型)。该模型是由空间数据系统咨询委员会(CCSDS)制定的标准,并于 2003 年成为 ISO 标准(ISO 14721:2003)。[2] 该模型规定了数字资源长期保存的术语、概念、参考框架和数字对象的管理方法,确定了一个存档系统的基本功能。几乎所有大型的长期保存项目都将 OAIS 参考模型作为实施标准,许多机构结合自身特点和需求,建立了基于 OAIS 的本地长期保存基础结构。

▲ 元数据标准

目前还没有一个统一通用的数字资源长期保存元数据规范格式,因而许多长期保存项目建立了项目内部通用的元数据格式。如美国国会图书馆制定的专门用于多媒体保存描述的 METS 元数据格式。由于缺乏一个统一的保存元数据框架,使得保存元数据在通用性、相互转换等方面还存在着诸多不足。许多机构试图对这一问题进行研究和解决,如 OCLC/RLG 保存元数据工作组在参考和扩展

---

[1] 刘畅,肖希明.开放存取期刊与图书馆信息资源建设.高校图书馆工作,2009(6).

[2] 张晓林.科技信息的开放获取.图书情报工作,2005(12).

OAIS信息模型的基础上,依据OAIS的通用数字档案系统结构,构制出了一个更易理解的框架。

▲ 数据保真

不同于印刷型资料,开放存取数字资源是必须通过计算机硬件和软件反映后才能成为被人理解的资源,因此当硬软件更新换代或故障时,可能造成一些特殊格式的资源,或存储在某一机器上的数字资源无法识别。如20世纪60年代存在的200多种数字存储格式,没有一种能持续10年以上。

为了解决上述问题,使所保存的开放存取数字资源始终能够被识别,人们主要采用了以下的策略:第一,多重备份和数据迁移策略。多重备份是指采用分布式架构,在位于异地的多台机器上分别缓存资源,设置多重保障。适时迁移是根据软件、硬件的发展将数字资源迁移到不同的软件或硬件环境下,从而保证数字资源可以在发展的环境中被识别、使用和检索。迁移是目前实际运行中使用比较多的方法。第二,环境仿真策略。对用于存取信息的原始硬软件环境进行保存,能使在过时系统上形成的数字信息以原始面貌显示出来。由于技术的复杂性,环境仿真还处于研究和试验阶段。第三,数据恢复方法。是从原始的字节流中恢复数字资源的原貌,并保证数据资源的可读性和可用性的方法。数据恢复包括数据灾难恢复、数据格式恢复等。数据恢复是具有挑战性的技术方法,并且结果难以评估,所以,这种方法并不是常用的数字资源长期保存的技术方法,它仅适宜在其他方法无法奏效时使用。

6.2.1.3 资金保障

经费支持是开放存取资源长期保存需要解决的关键问题之一,长期保存项目的规划与建设、环境的搭建、软硬件的选择、保存过程中数据备份迁移、设备和技术的更新、系统管理和维护,以及维持正常运行所需的电、网络和人员素质教育等都需要经费支持。即使不能估算出准确的数额,保存者也必须对成本有一个较为明确的认识,足够的资金才能使开放存取资源的长期保存系统能够持续运行下去。当然,保存者应该多争取一些国家机构或社会团体的投资,这在西方国家是比较普遍的做法。在西方国家,虽然图书馆成为开放存取数字资源长期保存的中坚力量,但是大多数的保存项目都是由高等教育资金委员会、教育和研究委员会等政府机构、一些研究或文化基金会或其他社会团体资助的。如在英国,隶属于高等教育资金委员会的JISC就资助了多个相关数字信息项目。因此,长期保存者应对自己的项目进行详细的评估和描述,突出它的意义,努力争取政府机构或者社会团体的认可和资助。

6.2.1.4 法律保障

张晓林教授曾撰文论述数字资源长期保存过程中的知识产权问题,从长期保存的3个环节角度分别进行了探讨:资源摄取环节、存储环节和服务环节中的知识产权问题,并提出需要建立相应的管理机制。资源摄取环节中资源的来源可能不同,可以是自建、外采、网络收集、缴送等方式,但都涉及存档权的问题。在开放存取资源的存储环节,前面提到过的利用备份、迁移等保真技术,这就涉及复制权,迁移尤其是格式迁移会涉及保护作品完整权和修改权的问题。在开放存取资源的服务环节,若存储机构随意将自己长期保存的数字资源不加限制地提供服务,不但有可能侵犯版权所有者的复制权、信息传播权,也可能影响他们的一些其他利益。为了取得资源商和版权所有者的信任,更好地合作,开放存取资源的长期保存机构必须认真研究每一个环节可能涉及的法律问题,应与资源商和版权所有者签订详细的许可协议,同时建立可靠的用户使用管理机制,减少侵权行为,使开放存取资源的保存和长期获取行为完全合法化。

像印刷型资源一样,高质量的开放存取数字资源作为人类文化成果应该得到妥善的长期保存。我们对开放存取数字资源长期保存的各种保障因素进行思考,目的在于了解数字资源长期保存的理论知识、技术知识,借鉴实践经验,以促进我国相关领域数字资源长期保存意识的提高及数字资源长期保存工作的开展。

第 7 章　开放存取对高校图书馆的影响

7.1　开放存取对高校图书馆的意义

开放存取是一种全新的学术信息与共享模式，也是一种全新的文献信息资源建设模式。它是国际学术界、出版界及图书情报界为推动学术成果交流而自由传播学术信息的行动。其目的是为了使科学及人文信息能够得到广泛交流，使科学研究的效率得到提高，科学信息能够得以长期保存。开放存取这一全新的学术信息交流运作理念对学术机构、特别是对高校图书馆界意义非常大。

7.1.1　加强了高校图书馆文献资源共享

实现信息资源共享一直是图书馆人的梦想和希望。在图书馆学的发展历史上，瑞典籍德国人格斯勒（Gasrer）及后来的拉方登（Henry La Fontaine）与奥特勒（Paul Maric－Ghislain Otlet）均在促进资源共享方面做出过努力。然而，在以市场为基础的商业传播运作机制的影响下，学术传播模式被逐渐演变成商业行为，学者逐渐失去对学术传播控制的主动权，图书馆被推向与商业学术出版者进行市场交易的前沿阵地。由于出版物价格的不断上涨，图书馆承受着越来越大的资源建设压力。在这种情况下，信息资源的真正共享大多只能停留在理论研究阶段。20 世纪 90 年代后，信息资源共享的状况有了明显改观。日渐兴起的开放存取运动便于人们出于合法目的而获取与使用学术成果，且不受经济、法律及技术方面的任何限制。

开放存取颠覆了传统的学术信息资源交流模式,给以信息收藏和开发传播为重任的高校图书馆工作不可避免地带来影响。[1]实践将证明,开放存取能够促进图书馆之间的合作与共享,推动高校图书馆事业的发展。

7.1.2 扩大了高校图书馆信息资源范围

传统高校图书馆的馆藏资源主要是由印刷型文献资源与非印刷型文献资源两大类型组成,后者包括声像资料、缩微资料、全文光盘数据库、电子书刊等。但是在开放存取环境下,高校图书馆的馆藏除上述两大类型的资源外,开放存取资源这一新型资源占有越来越重要的地位。开放存取资源包括期刊发表的论文、学术会议论文及学位论文、技术报告等类型,并以多种形式存在,如 OA 期刊、OA 文库、维基百科、个人微博等。其中 OA 期刊和 OA 文库最受学术界的关注。至 2012 年 6 月 30 日,DOAJ 共收录了 7 912 种 OA 期刊,DOAJ 注册的机构库有 1 000 多个。开放存取资源成为高校图书馆馆藏的重要组成部分,是高校图书馆信息资源建设与管理的重要资源类型。[2]

7.1.3 增强了高校图书馆信息资源的时效性

人们获取开放存取资源是通过网络进行的,这与传统的信息获取途径相比,时效性自然大大增强。开放存取模式的各个环节,如投稿、审稿、修订、排版、发行等,都实现了数字化运做,并且开放存取期刊与传统的印刷型期刊相比,不存在刊期及页码的限制,一般几篇甚至一篇论文即可编排出版,从而使科研成果发布的速度得到极大的提高。许多开放存取仓库,特别是一些没有实行同行评审制度的预印本系统,不需要对论文质量进行评价,只对来稿作内容方面的初步

---

[1] 查丽华.开放存取——开启学术信息交流的快捷之门.国家图书馆学刊, 2007(1).

[2] 刘淑琴.论开放存取对高校图书馆的挑战.情报理论与实践,2008(5).

审核,只要论文不违背国家的政策和法令的规定,即可在投稿一周内发表。如中国科技期刊论文在线。[1] 而在传统期刊上发表论文,从投稿到发表一般少则三个月,多则半年甚至更长时间。例如,《图书馆工作与研究》的《来稿须知》中这样告知作者:来稿处理在三个月以内,采用稿件最长不超过十个月。由此可见传统期刊的时效性大大低于开放存取期刊。

7.1.4 降低了高校图书馆经费的支出

单就高校图书馆使用的软件而言,不管是自行开发的软件,还是购买的软件,或者是软件的更新换代与维护等都需要花很大的代价。但高校图书馆若使用自由软件则会大大降低费用。这是因为自由软件一般是免费的或者只需花少量费用,并且它们都是经过测试的,不仅性能良好,而且易于安装,适合各种类型、各种规模的图书馆使用。英国教育传播与技术管理局(The British Educational Communication and Technology Agency)在2005年5月发表的一份名为《Open Source Software Slashes School》的报告中指出,开源软件的使用大大节省了学校在信息技术方面的经费开支,中学减少了80%,小学减少了50%的预算。这份报告是基于对英国的48所学校图书馆进行调研后做出的。而据Sami Kassab(法国银行金融分析家)的估计,如果采用开放存取模式出版期刊,全球的科学界可节省经费约40%。[2] Springer出版公司提供给图书馆的每种期刊的价格是由该刊上年度所有发表的论文中非开放存取论文所占的比例来决定的。比如,Springer出版的某种期刊在去年全年的刊价为1 000美元,若全年共发表了100篇论文,其中十篇是作者付费以开放存取的形式发表,那么今年的期刊价则降低百分之十,即为900美元[3]。

---

[1] 黎艳.高校图书馆如何开发与利用开放存取资源.现代情报,2010(1).
[2] 夏有根,黄晓英.开放存取与图书馆应对策略.农业图书馆情报学刊,2007(2).
[3] 林敏.试论开放存取对图书馆的影响和对策.图书情报工作,2005(12).

7.1.5 促进了高校图书馆的技术与服务升级

由于开放存取依靠网络技术手段远程为全球读者提供免费的或者低价的信息资源,使得高校师生对图书馆的依赖性减弱,高校图书馆读者流失严重,从而促使高校图书馆必须对传统的服务方式与技术路线进行革新。开放存取使高校图书馆服务模式遭遇重大冲击,因此,高校图书馆要改变自身的服务方式,为读者提供尽可能免费或低收费的信息资源服务。高校图书馆首先要解决元数据问题,以便学术信息资源在网络上的发布不再受系统平台、应用程序、学科专业、国别及语种的限制,从而能够达到广泛交流的目的。其次,借助于网络技术与先进通讯设备,加强为读者提供远程文献信息服务,提供按学科浏览与检索资源的方式,真正实现文献信息资源的一站式检索。高校图书馆只有与时俱进,对技术与服务及时进行升级,才能适应变化了的内外部环境的要求。

▲ 开放存取能够为信息共享提供可行性平台

图书馆界长久以来讨论的一个热门话题是资源共享,但至今还没有摸索出一种切实可行的运行模式。但是开放存取运动的兴起与发展,使人们能够自由地、免费地获取文献资源,这为实现资源共享提供了极为便利的条件,而且还有效避免了多种利益冲突。大型图书馆保存主要的开放存取资源,小型图书馆保存次要的开放存取资源。各馆要根据本馆特点,进行文献信息资源建设,形成本馆的特色信息资源,并通过网络与全球图书馆共享,从而形成一个完善的信息资源共建共享体系。因此,开放存取模式为高校图书馆最终实现信息资源共享开辟了一条新路。[1]

▲ 有效弥补高校图书馆外文期刊文献不足的现状

据有关统计资料显示,我国目前高校图书馆用于期刊采购的经费一般占到了该馆全年经费的20%～25%,受经费与其他多种原因

---

[1] 王蕾.开放存取为信息资源建设注入活力.图书馆工作与研究,2009(6).

的制约,图书馆外文期刊的采购量尚不能充分满足读者的需求。而OA资源则恰恰可以有效弥补图书馆这方面的不足,为读者提供及时、全面的外文学术文献信息资源。因此,我国大学图书馆纷纷利用OA资源为师生提供服务。如清华大学在图书馆网站上设有"推荐学术站点"栏目,汇集了一批优秀的、由图书馆员在浩瀚的网络中精挑细选出来的学术网络资源,不仅包括网上免费学术资源的链接,而且还有包括开放获取期刊、预印本系统、开放获取机构库在内的资源汇总,并按学科导航和类型导航进行了组织揭示,简明实用。[1]

▲ 提供的信息资源服务更为广泛

高校图书馆可以依据读者的特定信息需求,由学科馆员或者参考咨询馆员定期把搜集到的开放存取资源发送给相关读者,实行开放存取资源有针对性的推送服务。这样,不仅扩大图书馆的信息服务范围,还可以起到宣传推广开放存取运动的作用。高校图书馆应积极主动地通过开展服务使读者了解开放存取的意义与作用,接受开放存取的理念,并鼓励、引导师生员工在开放存取中获益的同时把自己的研究成果存档于机构知识库或学科知识库,以便公众免费查询。

以全球网络用户能够免费、自由地获取学术信息资源为宗旨的开放存取运动,使图书馆"学术期刊危机"及资金不足问题在一定程度上得到了缓解,同时提升了高校图书馆的信息保障能力。但另一方面,开放存取模式在一定程度上弱化了高校图书馆作为信息中心的地位,对高校图书馆的生存形成了明显的冲击。

7.2 开放存取给高校图书馆带来的挑战

推崇自由、共享、合作理念的开放存取,其终极目标是建立一个全球性的知识共享空间。图书馆是知识交流系统中极其重要的组成部分。

---

[1] 宋天华,李春海.开放资源环境下高校图书馆发展探讨.图书馆研究与工作,2008(3).

但在开放存取出版模式下,用户可以撇开图书馆,直接在网络平台上实现其学术信息的自主存取与交流。所以,网络信息技术的发展,动摇了图书馆的地位,开放存取一方面为图书馆带来新的发展机遇,另一方面也让其面临着前所未有的挑战。

一是对高校图书馆角色提出挑战。在开放存取环境中,由于用户获取信息途径更加多样化,用户对信息拥有更为充分的访问权、获取权及使用权,使得高校图书馆的学术信息中心地位被极大地削弱。

因此,高校图书馆及其他类型图书馆必须重新审视自己所担负的职能,准确定位自己在学术信息交流中的角色。

二是对高校图书馆职能的挑战。高校图书馆最重要的职能便是为教学和科研服务,这是高校图书馆生存与发展的立足点。过去,高校师生在其工作、学习中,一旦有了信息需求,首先想到的就是本校的图书馆,并通过本校的图书馆实现自己的信息需求。但开放存取模式改变了这种状况,如高校师生能够利用以开放存取形式存在的且游离于图书馆馆藏之外的其他资源,来实现自己的信息需求,这使高校师生对图书馆信息资源的依赖程度明显降低。高校图书馆为教学和科研服务的职能被明显地弱化,其生存与发展面临着严峻的挑战。

三是对高校图书馆信息资源采购方式的挑战。

开放存取资源的一个显著特点是时效性强。如过去,一般要通过国内的一些机构间接订购外文期刊,所订外文期刊一般约需半年时间才能到馆,使科研人员对科研前沿动态的了解受到严重影响。而开放存取资源的采购省略了间接订购、印刷、运输等中间环节,可以将开放存取资源尽快整合到馆藏体系中,及时与读者见面,使学术信息资源的时效性得到了极大地提高。所以,高校图书馆应该把开放存取资源作为馆藏资源的重要组成部分,选派专人跟踪搜集、组织与本校学科专业相关的开放存取资源。

四是高校图书馆读者服务工作面临挑战。

☆对高校图书馆服务内容的挑战。

开放存取能以最简单的流程环节、最短的流通时间、最快的速度为全球用户免费提供最新的学术成果,广大师生能够直接通过因特网获取量大质高的学术信息资源,不像过去那样完全依靠图书馆。因此,高校图书馆要利用处理传统文献的经验,全面搜集相关学科的开放存取的学术信息资源,并且分门别类地把它们链接到图书馆网站的显著位置上,从而为师生利用资源提供方便。

☆对高校图书馆服务方式的挑战。

传统高校图书馆作为学术交流传播体系的重要组成部分,尚未彻底摆脱古代藏书楼的影响,仍较多注重对文献的收藏,重藏轻用,在服务中馆员主要扮演文献"保管员"的角色;读者服务仍以阵地服务方式为主,这种坐等读者上门的服务方式,使读者在诸多方面受到限制,如开馆时间上有限制,目前我国大部分图书馆晚上都有闭馆现象,使读者不能正常利用图书馆;文献复本数量有限制,一些受读者欢迎的热门资源,只有少数读者能够借阅得到,其他读者想看却无法借到;空间上有限制,读者需要到图书馆中才能利用图书馆的资源。这些都给读者带来了很大不便。但在开放存取模式下,用户只要拥有一台连接因特网的计算机,便可以足不出户地随时检索、获取自己所需的资料,并且多人可以同时在线检索与利用同一种文献。这种服务方式给高校图书馆带来了巨大挑战,高校图书馆如果不与时俱进,还是墨守成规的话,将会逐渐失去读者。

☆对高校图书馆服务技术的挑战。

OCLC(Online Computer Library Center),即联机计算机图书馆中心,是目前世界上最大的提供网络文献信息服务和研究的机构。该机构在《2003年OCLC环境扫描:模式识别》写道:开放存取运动和开放源代码等形成的信息开放环境使得图书馆必须对其传统的技术路线重新思考,并加以改进。[1] 2005年2月22日,国际图联主席阿列克斯·拜恩(Alex Byme)指出,要提高人们使用免费软件、开源软

---

〔1〕 陈琦.开放存取及其对图书馆的影响.图书馆研究与工作,2006(1).

件及合适的低费用软件的意识,提倡人们安装开放存取系统,以方便获取科技、教育与文化信息。选择开放存取资源作为高校图书馆主导的技术路线,一方面能使高校图书馆有效摆脱版权的困扰,另一方面使高校图书馆在技术开发上确立自主意识,把图书馆员的专业知识经验融入到技术开发之中,使技术的实用性得以提升。[1]。

7.2.1 开放存取使高校图书馆版权保护面临新的挑战

开放存取资源可以大致分为两种:一种是各类资助产生的成果,即公共财政及基金(包括公益性与非营利性)资助产生的成果。这种成果的法律关系相对简单,国家已经开始考虑对于这部分文献采用立法手段,使公民能够自由、平等地加以获取与使用。另一种是作者授权开放的成果。对于这种成果来说,其法律关系比较复杂。由于作者授权方式各异,就需要在管理政策与服务方式上区别对待,因此,复杂的授权方式给这些成果的管理与服务带来诸多不便,应采用不同的技术解决方案。我们要清醒地认识到,开放存取资源并不是都属于公有领域资源,对开放资源的自由获取与使用也不是完全无条件、无限制的。因此,在使用开放资源时主要应注意两点:第一,要承认其版权,他人在使用时要注明出处。开放资源并非无版权,只是权利人按照开放存取协议自愿把其绝大部分的财产权转移给用户,权利人仅保留了署名权、保护作品完整权等精神权利,即他人在使用权力人成果时要注明相关信息。第二,对于开放资源实行用户承担责任机制。开放存取资源的版权保护方法与商品化资源的版权保护方法不同,高校图书馆难以控制与监督用户利用开放存取资源的版权行为,这给高校图书馆提出了版权保护的新问题。[2]

---

[1] 李映兵.开放存取的思考—高校图书馆面临的挑战与应对措施.情报杂志,2006(4).

[2] 刘淑琴.论开放存取对高校图书馆的挑战.情报理论与实践,2008(5).

7.2.2 开放存取对高校图书馆发展模式的挑战

在网络环境下,开放存取模式改变了学术信息的交流模式,推动了学术信息交流模式的发展,实现了学术信息的最大使用价值,对学术领域产生了深刻影响。作为新生事物,开放存取代表着信息交流的发展方向,图书馆的发展模式主要从以下几个方面上考虑:

(1)技术方面

主要研究如何构建多级的、全球化的适合存储与开放访问的信息组织与服务体系结构;如何实现从单一的、静态的信息组织方式到复合的、动态的数字对象管理体系;如何实现知识管理及语义检索服务,以及技术标准、知识产权保护技术等问题。

(2)管理方面

主要研究如何妥善处理作者、出版者、用户及图书馆员等诸多角色之间的关系;如何解决网络出版经费问题,以使开放存取运动得以可持续发展;如何控制网络出版质量,以及如何建立行之有效的评审制度等问题。

(3)知识产权方面

主要研究传统出版模式与网络出版模式中知识产权的区别及在开放存取环境下如何实施知识产权保护等问题。[1]

总之,开放存取成为一种越来越重要的学术出版模式,它是对传统出版模式的一个挑战,是一种理想的学术出版模式。当然,在其发展过程中还有许多亟待解决的问题,例如如何建立一套行之有效的经济运行机制,使开放存取资源得以长期保存;如何让大众更深入地了解开放存取运动,进而成为开发存取运动的参与者,这些都需要进一步进行探索与研究。只要找到了适当的解决方案,开放存取模式便能够更好地生存并发展起来,为科研人员带来更多的利益。

---

[1] 陈力."开放存取"刍论.国家图书馆学刊,2007(4).

7.3 开放存取对高校图书馆角色定位的影响

在传统的出版模式下,高校图书馆是学术信息的主要管理中心之一,是学术交流系统的重要组成部分。传统学术信息的流通链为:作者——出版机构——高校图书馆——高校读者。其中高校图书馆的主要职责是紧密结合本校各专业教学和科研任务,系统并有重点地搜集、整理、提供与保存各学科及其相关学科的文献信息资源。因此,高校图书馆作为文献信息资源组织与收藏的重要机构,既是学术期刊的重要订购者,又是高校读者学术信息的重要提供者。在出版机构与高校读者(主要是本校师生)之间,高校图书馆扮演着重要的中介角色。然而在学术交流系统中,出版机构控制着学术资源的价格,导致期刊价格大幅增长,从而使高校图书馆陷入困境。同时,由于期刊版面有限等原因,使出版机构也控制着进入交流渠道的信息内容,这也非常不利于知识的创造与更新。网络的广泛应用使得学术期刊出版与传播的成本大幅度减少,相对于订购纸本期刊而言,高校图书馆能够用相对较少的经费订购较多的电子期刊。但又产生了一个新问题,即高校图书馆只能获得电子期刊特定时间段的使用权,并且高校图书馆还要按照出版商的要求把用户对这些收费电子期刊的访问权做了限制,这给高校图书馆用户使用信息资源造成了很大不便。[1]

而开放存取的出版模式能消除学术信息交流中的各种障碍,简化学术信息传播环节,从而缩短学术信息的流通时间,提高学术信息的利用率。学术信息交流过程变为:作者——开放存取资源管理系统——用户。高校的师生可以不依赖高校图书馆,而直接从网络平台上获取所需的学术信息资源。这就使高校图书馆面临越来越被边缘化的危险,最终可能脱离学术信息交流系统。高校图书馆的生存受到严重威胁。因此,高校图书馆必须审时度势,重新进行角色定

---

[1] 姜殿清.开放存取在我国的影响及对策分析.黑龙江教育学院学报,2008(1).

位,充分利用自身的优势,积极参与开放存取,努力保持并提升自己在新的学术信息交流系统中的地位与作用。

"有为才有位",高校图书馆在新的学术信息交流系统中的地位取决于它所发挥的作用,而高校图书馆在新的学术信息交流系统中所发挥的作用则取决于自身的角色定位与实际行动。高校图书馆在资源组织、存储空间(包括物理及虚拟两方面)及技术维护等多方面较之其他信息服务机构有着得天独厚的优势:绝大多数高校图书馆拥有较完备的网络设施及提供网络服务的人员与设备。开放存取资源管理系统负责开放存取资源的出版、组织与传递,高校图书馆如果能够控制该系统,积极参与对开放存取资源的管理,则其服务对象及角色将会发生很大变化:服务对象由原来主要是本校师生扩展到全国、乃至整个地球村的用户,其角色变为开放存取资源的出版者与传播者。若能实现角色的成功转换,高校图书馆便会凭借自身的优势促进开放存取运动向前发展,从而彻底改变自己游离于学术信息交流系统之外的被边缘化的命运,而重又成为学术信息交流系统的中心,其作用及地位将会得到极大提升。

7.4 开放存取对高校图书馆机构功能的影响

由于高校图书馆隶属于高校,不论在传统环境下还是在开放存取环境下,高校图书馆都应紧紧围绕高校的三大功能——为本校的教学和科研服务功能、读者教育功能、服务社会功能而开展服务。高校图书馆根据本校各专业的科研与教学需求,有重点、有系统地收集、整理、保存与提供各学科及其相关学科的文献信息资源,为本校的教学和科研提供文献信息保障。教育功能主要体现在为提高师生获取文献信息的能力而对师生进行信息素质教育等方面。社会服务表现在对社会大众开放资源,提供服务。在传统环境下,高校图书馆在为本校的教学和科研服务、用户教育方面做了很多工作,实现了其功能;在社会服务方面也有所开展,但由于多种原因,其开放的程度还不够。但在开放存取环境下,高校图书馆应积极参与到开放存取运动中,努力成为开放存取资源的出版者与传播者,并要及时把开放存取资源整合到本馆的资源中,成为本馆资源的重要组成部分,只有这样才能提升高校图书馆文献信息服务的能力。在素质教育中要把开放存取相关知识作为重要内容,宣传、引导读者利用开放存取资源,并把开放存取资源面向全社会开放,从而使高校图书馆的社会服务功能得到拓展。开放存取环境使得高校图书馆重新审视自身的功能与发挥的作用,高校图书馆只有主动创造条件来提升自身的功能,才能跟上时代前进的步伐,不被时代所淘汰。

7.5 开放存取对高校图书馆信息资源建设的影响

7.5.1 开放存取资源的出现使得高校图书馆对馆藏政策要做出相应调整

在垄断出版模式的制约下,高校图书馆由于经费的原因而不断减少期刊种类,最终实现不了信息资源建设的理想目标。但是开放存取能够使高校图书馆免费获得大量信息资源,高校图书馆应顺应开放存取的发展趋势,对其馆藏政策做出相应调整,对于订购一般信息资源与开放存取信息资源要在品种、学科内容等方面加以协调与平衡,从而使高校图书馆在经费有限的情况下能更好地为用户提供服务。

高校图书馆订购的期刊均为精心挑选的品种,这些期刊中当然有 OA 期刊。有了 OA 期刊,是否继续订购相应的纸本期刊?自建的学位论文数据库、特色数据库是否纳入 OA 机构仓储?对这些问题高校图书馆都要做出明确的规定。

7.5.2 开放存取资源成为高校图书馆资源建设的有益补充

随着开放存取运动的发展,开放存取期刊与开放存取知识库的数量快速发展,使得开放存取资源日益丰富。至 2012 年 6 月 30 日,DOAJ 共收录了 7 912 种开放存取期刊,目前还在以每月大约 50~80 种的速度增长。DOAJ 注册的机构库就有 1 000 多个。我国也出现了像中国科技期刊论文在线、奇迹文库、中国预印本服务系统等这样的知识库。高校图书馆应充分利用这些开放存取资源,使其成为我国高校图书馆文献信息资源建设的有益的、必要的补充。

7.5.3 节省高校图书馆期刊的采购经费

据有关统计数据显示,我国高校图书馆目前期刊采购经费一般要占到该馆全年整体经费支出总额的10%~15%。而当前有三分之二左右的学术期刊是以在线形式出版的,而在线期刊的15%是开放存取期刊。一些大型商业出版机构(例如《自然》和Elsevier等)也已开始出版开放存取期刊。开放存取期刊是一种不可忽视的资源。若高校图书馆能够注重这些开放存取期刊资源的搜集,认真查看开放存取期刊与本馆已订购的纸本期刊、电子期刊的重复品种,从而减少一些纸本期刊的订购与电子期刊数据库的购买,这将为高校图书馆节省出大量的经费,这样,高校图书馆便可以根据本校需求订购其他非开放存取类型的文献信息资料,使馆藏更加丰富。所以说,开放存取能够有效化解高校图书馆信息资源建设中经费紧张、信息资源短缺的问题。

7.5.4 开放存取推进了高校图书馆信息资源共享

随着出版物价格的不断飙升,高校图书馆承担着越来越大的信息资源建设的压力。虽然建立了一些图书馆联盟及共同体,但距离信息资源的真正共享还有很大差距。开放存取运动是对学术信息交流模式、信息资源建设与利用方式的变革,学术成果能够不受经济、法律和技术方面的任何制约而被人们自由地获取与利用,从而使信息资源共享的程度得到显著提高。

7.6 开放存取对高校图书馆服务的影响

随着越来越多的文献信息资源在因特网上能够被免费获取,用户所需的文献资料越来越多地通过开放存取渠道获得,高校图书馆的服务对象也因此不断减少、服务内容萎缩严重。因此,高校图书馆必须与时俱进,利用网络扩充自身的信息资源服务内容,改革自身的服务方式。

7.6.1 开放存取对高校图书馆信息服务内容的影响

由于大量免费、高质量的开放存取资源分散在各网络节点上,因此,高校图书馆的信息服务不能仅局限于对馆内文献信息资源的揭示与标引,还必须根据学校教学与科研的需要,有目的地搜集与筛选开放存取资源,对相关的开放存取资源进行整理与揭示,实现开放存取资源与馆藏资源的整合。同时,高校图书馆还应积极构建本单位的机构知识库,收集本机构所属成员的研究成果,并尊重研究者的意愿,将这些研究成果进行整理、分类,上传到机构库中。还要利用开放存取资源加强高校图书馆的课题查新、定题服务等参考咨询服务工作,从而提升高校图书馆信息服务的能力及水平,实现高校图书馆由浅层次服务到深层次服务的变革。

7.6.2 开放存取对高校图书馆服务方式的影响

在传统出版环境下,高校师生主要依靠本校图书馆来获取所需的文献信息资源,高校图书馆的服务主要是通过对文献资源的借阅、复制及馆际互借、文献传递等而实现。但开放存取这一崭新的出版模式使网络学术出版变得简单、易行,读者能够直接从网上获取大量免费、高质量的学术信息资源,从而打破了传统学术交流过程中读者利用高校图书馆的方式,弱化了高校图书馆某些传统的服务项目,使读者对高校图书馆的依赖性日益降低,高校图书馆的生存和发展遭到严峻考验。[1]适者生存,高校图书馆要主动进行服务转型,以适应新的出版环境。要向读者宣传开放存取运动及其重要意义,推荐开放存取期刊的列表与链接,鼓励师生利用开放存取资源,支持科研人

---

[1] 李红春.开放存取与图书馆发展对策研究.甘肃科技,2008(2).

员在 OA 期刊上发表或者在机构数据库中上载其科研成果。高校图书馆应积极利用现代网络信息技术与先进通讯设备,努力提升进行远程信息资源服务的能力及水平,为读者更加便捷地利用信息资源提供条件,并且为读者提供信息资源服务要尽可能免费或低价,从而提高高校图书馆的竞争力。

7.6.3 开放存取对高校图书馆服务人员的影响

在传统的高校图书馆服务中,工作人员主要负责馆藏文献的收集、组织与借阅,扮演着文献"保管员"的角色。随着开放存取期运动的兴起与发展,网络学术信息日益增多,高校图书馆的馆藏由实体的纸质图书期刊等文献变成纸质文献与网络虚拟数字信息资源并存的馆藏,图书馆员从文献"保管员"转变为信息"导航员"。

高校图书馆工作人员的职责是为读者获取文献(知识)信息提供最佳工具和方法。虽然在开放存取环境下,高校师生们可以自由获取大量网上免费的学术专业资料,但他们仍会遇到下面的问题:面对丰富的信息资源,但由于时间、技术有限,不能快速、准确地获取所需信息资源。而高校图书馆服务就应该紧紧围绕这个问题,充分发挥自身特长,帮助师生们快速、准确地获取所需的文献信息资源。这需要高校图书馆工作人员必须具有一定的计算机专业知识、熟练的信息检索技巧、深厚的专业知识背景,以及准确的分析能力。[1] 因此,高校图书馆员一定要创新服务观念,掌握开放存取环境下图书馆的各项服务技能。只有这样才能在浩瀚的知识信息的海洋中做名称职的"导航员"。

7.7 开放存取对高校数字图书馆技术的影响

7.7.1 开放存取对高校数字图书馆技术标准化的影响

开放存取模式是基于众多类型的机构广泛参与合作而实现的,

---

[1] 刘淑琴. 论开放存取对高校图书馆的挑战. 情报理论与实践,2008(5).

但各机构所使用的数字平台、共享设备及开发软件等不可能是完全一致的,总会存在这样或那样的差异,因此,要把这些不同来源的、不同结构的开放存取资源加以有效整合,使各个信息库中分散的学术信息资源能够实现有效的跨库检索,这是摆在高校数字图书馆建设者面前亟待解决也是必须要解决的问题。俗语说"无规矩不成方圆"。因此,制定统一的标准来对多源、异构的信息资源进行有效整合是高校数字图书馆建设的一个重要目标。

7.7.2 开放存取对高校数字图书馆版权管理技术的影响

近年来,伴随着高校数字图书馆建设,数字版权的纷争也是摆在高校图书馆面前的一大难题。由于开放存取资源数量的增多与质量的提升,开放存取资源越来越成为高校图书馆馆藏资源的重要来源之一,并且随着开放存取运动的不断深入,开放存取资源在整个馆藏资源中所占比例将不断上升。另外,高校图书馆的机构库、自建数据库等也成为开放存取资源的重要组成部分,并且现阶段高校数字图书馆的馆藏主体也是由自己采购的电子资源及自身资源的数字化部分所组成。在高校数字图书馆建设中,既要注重开放存取对权限要求的特殊性,确保使用开放存取资源过程中版权的不受侵害,又要使开放存取资源得到无障碍地利用。同时对将要采购的资源、自建数据库等在不违反其版权要求的前提下尽量为读者提供获取的便利环境。因此,合理、有效的管理这些版权要求不同的信息资源,这就使高校数字图书馆的版权使用控制技术要达到一个更高的水平。高校图书馆应加强使用控制技术,对用户使用各类信息资源行为加强版权管理,从而使各类文献信息资源得到充分而又合法地使用。

7.7.3 开放存取对数字资源长期保存技术的影响

网络资源长期保存问题一直是图书馆界广泛关注的课题。由于开放存取资源越来越丰富,质量越来越高,开放存取资源因技术过时或载体变质导致损失的现象也越来越引起人们的关注。据统计,目前全球15％的开放存取资源已经消失。[1] 目前,开放存取资源的长期保存主要有三种技术模式:第一种是集中保存。即把所有OA资源保存在一个中心数据库内,由这个中心数据库负责提供对OA资源的存取服务。第二种是分散保存。将OA资源保存在不同的机构知识库、学科知识库及开放存取期刊数据库中,由学术信息资源服务的提供者根据用户的检索要求在多个数据库搜索元数据,因此需要采取统一的元数据标准来对开放存取资源进行描述。第三种是元数据收割。OA资源保存在不同的节点上,依靠一个中心服务机构从机构知识库、学科知识库与OA期刊数据库中获取并保存元数据,由该中心服务机构负责对所获取的元数据加以规范、并提供给其他具有OAI－PMH(Open Archives Initiative Protocol for Metadata Harvesting)协议的服务机构。[2] 不管采取何种保存方式,开放存取文档的保存主体一旦遭到损坏,开放存取资源就极有可能消失。开放存取资源长期保存的重要性是众所周知的,而保存开放存取资源的关键是要有实体,并采用统一的标准来负责保存,以确保开放存取资源不被损坏。由于高校图书馆拥有丰富而系统的专业馆藏、完善的基础网络平台、信息组织经验丰富的专业人员队伍,因此,高校图书馆不仅应该并且能够成为长期保存开放存取资源的主体机构。实践证明创建机构知识库是高校图书馆收集并丰富开放存取资源的简单可行的方法。因此,高校图书馆建立机构知识库后,应负责维护,并对其拥有的开放存取资源加以长期保存。

总之,开放存取作为一种全新的学术交流模式,对学术界乃至整个社会产生了广泛而又深远的影响。高校图书馆要抓住机遇,与时俱进,积极研究、参与并推动开放存取运动,充分利用开放存取的技术与社会环境,及时转换角色、拓展功能,改造传统的服务方式和服

---

[1] 冯效卫.开放存取资源长期保存对图书馆发展的影响.科技情报开发与经济,2008(25).

[2] 喻文,何琳.图书馆对开放存取资源的建设和利用.农业图书情报学刊,2009(7).

务手段,积极构建立足于网络平台的开放存取服务的新模式,大力提升高校图书馆的核心竞争力,使高校图书馆不仅能更好地为本校师生提供服务,而且能为提高全民族的科学文化水平,为建设民主和谐的社会做出贡献。

第8章 开放存取运动的发展现状和趋势

8.1 国内外开放存取运动的发展现状及分析

8.1.1 国外开放存取运动的发展现状

美国康乃尔大学物理学家 Paul Ginsparg 于 1991 年在因特网上建立了首个科技预印本服务器——ArXiv,允许科学家在学术论文出版之前共享其思想和观点。3 年后,英国南开普顿大学的认知科学家 Steven Harnad 在因特网上发布了他称之为"颠覆性建议"(Subversive Proposal)的倡议,要求研究人员迅速行动起来,开始自行存档——将其研究论文储存到一个公众可访问的基于因特网的数据库,以最大限度地将自己的研究论文公开。Harnad 教授的建议引起了广泛的争论,并导致开放存取运动的产生。

随着学术出版与学术资源联盟(Scholarly Publishing and Cademic Resources Coalition,SPARC)的成立,开放存取运动得到了进一步的发展[1]。

生物医学科学团体按照诺贝尔奖获得者、美国国立卫生研究院前院长 Varmus HE 的指导思想,于 1999 年创建了经同行评价的免费 E-Biomed 数据库,其目的是免费提供所有生物医学领域的电子预印版和印刷后的网络版全文。但由于受到学会和商业出版商的反

---

[1] 郑垦荒.开放存取面临的主要问题及图书馆的应对策略.情报理论与实践.2006(3).

对,E-Biomed 数据库的创办者不得不做出妥协,但该数据库仍不失为一个重要的数据库。

美国国立医学图书馆国家生物技术信息中心创办的数据库 PubMed Central,于 2000 年成为开放存取式的数据库。该数据库由于受到国立卫生研究院公共获取政策的支持,因此,它也是国立卫生研究院资助研究的出版物的数据库。

公共科学图书馆(PloS)的创办。该组织成立后,就发起了一场大胆的运动,即说服科学家联合抵制不向 PubMed Central 数据库提供免费利用内容的期刊,不为他们编辑或进行同行评价。此后,有 186 个国家和地区的 3.4 万名科学家签名,支持科技期刊采用开放存取的出版模式。该组织于 2003 年 10 月创办了其第一份学术期刊——PLoS Biology,此后又创办了 PLoS Medicine,PLoS Computational Biology 等。截止到 2007 年底,该机构共创办了 7 种生命和卫生科学方面的期刊。

BioMed Central(BMC)。它是由英国当代科学集团的前董事长 VitekTracz 根据"作者支付出版费"(author-pays)的模式创办的商业开放存取数据库。BMC 收录的期刊是免费的。但收取作者论文处置费和团体成员年费。标准的论文处置费为每篇 1 530 美元,最高为每篇 2 430 美元(如 Journal of Biology,Genome Biology 等期刊),最低为每篇 180 美元(如 Cases Journal)。团体成员单位机构的作者在该数据库收录的期刊上发表论文均可减免出版费。截至 2008 年 9 月,该数据库共收录 189 种 OA 期刊。

近几年来,OA 运动得到较快的发展,主要取得了如下成绩:

第一,许多大的综合性大学向"大宗订购"说不:2003 年,康奈尔大学、哈佛大学和北卡罗莱纳大学、麻省理工学院、加州大学不再续订 Elsevier 出版公司的包括捆绑式期刊和限制停订利用率期刊的"大宗订购"订单。2008 年,Elsevier 数据库的价格也从 2007 年的143.87 万元猛涨至 330 余万元,涨幅达 129.4%。国内一些科研机构图书馆也采取措施,联合抵制该数据库的价格猛涨的期刊。

第二，商业期刊的编辑部集体离职：2004年1月，《数学杂志》(Journal of Algorithms)编辑部的成员集体脱离Elsevier出版公司，加入计算机学会（ACM）出版一种新期刊，该刊名为：ACM Transactions on Algorithms。

第三，英国下院科学技术委员会公布了一份报告。该报告鼓励研究人员自行存档。然而该报告最终未得到政府的认可。但是，2005年，英国8大研究委员会公布了一项建议，要求承担基金课题的研究人员在其论文发表后尽快存储到一家免费的机构网站或专题数据库。2006年6月，英国8大研究委员会又发布声明，重申其"要求接受其研究拨款的研究人员将其研究论文存入其开放存取的数据库"的立场，支持"作者支付出版费"（Author-pays Publishing）、"作者自行存档"（Self-archiving）的出版模式。

第四，实行开放存取模式的期刊和出版商不断增多。目前，我国约有20种开放存取的学术期刊。世界上大型的开放存取出版商有施普林格出版公司（Springer-Verlag）、布莱克威尔出版公司（Blackwell Publishing）和自然杂志出版集团（Nature Publishing Group）等。

第五，支持开放存取的国家和地区及世界性机构愈来愈多。发达国家和地区有：美国、英国、法国、德国、加拿大、瑞典、丹麦、芬兰、挪威、西班牙、荷兰等；发展中国家有中国、印度等；世界性机构有国际图书馆学会联合会（IFLA），世界信息学会峰会（WSIS）等。

8.1.2 国内开放存取运动的发展现状

（1）开放存取知识库

目前，开放存取知识库在我国发展尚处于起步阶段。但以收集论文预印本的知识库发展得比较快，出现了中国科技论文在线、中国预印本服务系统、奇迹文库等比较著名的预印本网站。并且建立了一些国外学术论文预印本的中国镜像站，如中国数理科学电子预印本镜像库。目前，被ROAR收录的我国开放存取知识库如"表9-1"

所示[1]：

表9-1 ROAR收录的我国知识库

知识库名称	创办机构
北京科技大学物理文库	北京科技大学
奇迹文库	工作团队
逢甲大学校园典藏知识库	台湾逢甲大学
浙江大学机构知识库	浙江大学
香港科技大学科研成果全文仓储	香港科技大学
香港大学论文在线	香港大学
中国科学院科技会议论文库	中国科学院
中国(西部)环境与生态科学知识积累平台	中国西部环境与生态数据中心
图书馆学情报学开放文库	国家图书馆

（2）开放存取期刊

2006年1月和7月，程维红、任胜利先后两次对《2005年版中国学术期刊引证报告》所收录的1 608种我国学术期刊的开放存取出版情况进行了调查，结果显示：在1 608种学术期刊中，有143种实现了开放存取。各主要学科开放存取期刊的数量如"表9-2"[2]所示：

表9-2 各主要学科开放存取期刊的数量

学科名称	期刊数	开放存取期刊数	学科名称	期刊数	开放存取期刊数
医学	442	27	大学学报	80	9
生物学	56	17	其他	860	66
农业科学	135	13	合计	1 608	143
化学	35	11			

截至2008年5月16日，被DOAJ收录的2 643种开放存取期刊中，有中文期刊14中，其中8种是中国创办的，内容涉及数学、物理、化学、生物、医学、教育等多个领域。

---

[1] 徐丽芳.开放存取及其研究进展.图书馆学研究进展.武汉：武汉大学出版社,2007(1).

[2] 程维红,任胜利.中国科技期刊开放存取出版现状.编辑学报,2007(3).

8.1.3 国内各界对开放存取资源的开发利用现状

8.1.3.1 科技学术界与开放存取

首先,学术界是科技信息的生产者,同时它们也是科技信息的最大消费者。我国的大学和科研机构,它们每年为科学研究投入了大量资金。科研人员从其服务的机构或政府单位获得经费进行研究,但当其成果发表时,出版社要向著者收取版面费;而当学者需要参考利用期刊时,却需要再付大笔经费订阅。这显然是不合理的,这种不合理现象,阻碍了正常的学术交流活动。并且我国的科研机构多数属于相关政府部门,较之于国外,我国的科研成果或学术论著更多的是在政府资金的支持下完成的,因此,由此产生的科研成果原本就应该是全社会共有的资源。

其次,科研人员发表其科研成果的目的是使科技信息得到更快、更广泛的传播与交流。但传统期刊的出版要经过审、改、校、排版、印刷等多道程序,往往从科研成果的产生到其公之于世要等上几个月,甚至几年的时间。而开放存取期刊则可以大大缩短这一周期,使学术成果传播和交流的速度加快。[1] 另外,开放存取打破了价格壁垒,也使学术论文的传播范围得到了最大限度的扩展。有资料表明,在国外发表在开放获取的网络版期刊上的科学论文,其引用率是那些读者必须付费阅读的论文的引用率的三倍。

由此可见,科研工作者将成为开放存取运动的最大受益者,因此,科研工作者要积极参与并推广这一运动。及时将自己的科研成果或学术论文加入开放存取仓储,以丰富我国开放存取仓储机构的内容;要大力宣传,向学界朋友宣传开放存取知识、推荐开放存取机构、介绍检索技巧和使用方法,使更多的人关注和使用这一新兴的网络出版模式。

8.1.3.2 出版界与开放存取

长期以来,我国的出版机构、尤其是学术期刊的出版一直沿用计

---

[1] 初景利.开放使用:一种新的学术交流模式.图书情报工作动态,2006(8).

划经济的体制,出版社大多隶属于相关的高等学校和科研院所,其商业化程度还比较低,更不存在垄断经营的现象,也就是说我国的学术期刊出版机构原本就没有什么利润可言。[1]相反,我国众多的学术期刊的出版单位,一直把扩大影响、促进交流和传播作为办刊的宗旨。比如近年来发展迅速、影响广泛的CNKI、万方数据等网络学术资源提供商的迅速崛起,正是得益于出版界本着这一宗旨的支持。这说明开放存取这一全新出版模式,将会得到我国的出版界尤其是学术期刊出版机构的大力支持。

8.1.3.3 开放存取与图书馆

图书馆作为文献信息的组织者和传播者,一直是研究人员获取文献信息的主要场所。而经费的短缺和图书期刊价格高涨的矛盾一直困扰着图书馆。尽管我国图书馆界也积极采取各种应对措施以减少经费短缺的压力,但总的来说,这些举措并不能从根本上解决这一问题。由于经费的限制,一些图书馆不得不削减图书和期刊的订购数量,致使图书馆的外文期刊和其他文献的订购数量呈逐年递减的趋势。同时,图书馆所订购的电子图书及学术期刊库也都存在着用户访问权限的限制,这也使得图书馆无法向读者随时随地提供电子图书及期刊的访问服务。而基于开放存取环境下的信息资源的无限制获取方式为图书馆最终实现资源共享提供了一条新的途径,也大大缓解了图书馆所面临的经费短缺现象。

因此,图书情报学界不应仅仅是开放存取的大力倡导者,更应该成为其理论和思想的积极实践者。一要运用多种手段向读者宣传和推广开放存取运动;二是要充分利用国内外现有开放存取资源丰富自己的馆藏,创新服务方式;三是要倡导、组织国内图书情报界专家学者加强理论研究,构建一个适合我国国情的开放存取运行和管理框架体系,为开放存取的发展扫除技术上的障碍,为国家相关政策的出台提供理论上的支持。

---

[1] 黄凯文.试析网络科学信息的OA运动对图书馆的影响.图书馆论坛,2007(2).

8.1.4 国内主要图书馆对开放存取资源的开发利用现状

8.1.4.1 国家图书馆

一直以来,国家图书馆设专门研究小组密切跟踪国际上开放存取运动发展状况,研究开放存取中国化的理论和方法。笔者通过访问国家图书馆的网站发现,在"服务导航"下的"科研支撑平台",提供了"开放获取学术资源"的链接和内容简介,主要有:DOAJ、Open J-Gate、HighWire Press、PubMed Central、BioMed Centra、ArXiv、PloS、SciELO、J-STAGE、OpenDOAR、Socolar。可以看出,所收集的开放存取资源内容较丰富,并对每种资源作了较详细的介绍。在机构库建设方面,国家图书馆于2006年开通"中国图书馆学情报学开放文库",这是我国第一个向社会公开的学科型开放存取文库,它的建立将为全国图书馆学、情报学、信息管理学的老师、学生和所有图书馆工作人员提供了一个开放存取的学术研究平台。该文库采用Dspace软件,符合OAI协议,是一个数字化学术信息资源的采集、存储、标引、保存和发布系统。允许用户进行在线注册和在线提交学术文献,允许注册用户和匿名用户进行文献浏览和文献检索,注册用户还可获得电子邮件提醒等服务。该文库还提供学术文献的长久保存。

8.1.4.2 高校图书馆

一直以来,高校图书馆对开放存取资源的开发和利用都走在国内图书馆界的前面。许多高校图书馆将开放存取资源作为图书馆的免费资源向用户推荐和介绍。如清华大学图书馆将开放存取资源作为实用的网上免费学术资源加以推荐,专门在"电子资源"栏目下设置"推荐学术站点"链接。主要的推荐站点有:SINDAP全球科技预印本检索、中国预印本服务系统、中国科技论文在线、PLoS免费期刊、DOAJ和BMC等。

2007年5月,中国教育图书进出口公司推出"Scolar:Open Access资源一站式检索服务平台",短短几个月就有包括如首都师范大学图书馆、浙江林学院图书馆、北京服装学院图书馆、昆明理工大学图书馆等上百家图书馆进行了试用。在机构库建设方面,目前国内有政府牵头建设的奇迹文库、中国预印本服务系统和中国科技论文在线,厦门大学还建立了开放存取机构库。[1] 许多大学图书馆还对收集本校师生的学术成果并进行长期保存、免费使用的方法进行了探索和实践。如广东工业大学图书馆利用 TRS 平台建设了机电专题库,主要收集本校教师的科研成果,并提供网上免费服务。香港科技大学已经创建了开放机构仓库,它收集并以数字形式保存了香港科技大学的学术成果。该机构仓库利用的 Dspace 软件符合"开放文档计划",因此可以利用搜索引擎或索引工具进行检索。

8.1.4.3 中国科学院图书馆

科学院图书馆系统在宣传、开发和使用开放存取资源方面做了大量工作,特别是在宣传学术资源的开放存取方面,中国科学院国家科学图书馆(原中国科学院文献情报中心)一直走在前面。其主办的《图书情报工作动态》,虽然是一份内部刊物,但立足中国科学院文献情报系统,面向全国图书情报领域,是目前全国图书情报行业唯一的动态类刊物。[2] 自 2003 年第 1 期起,其全部内容放在中国科学院文献情报系统网站上,读者可公开、免费阅读,被称为我国图书情报领域第一份开放存取期刊。该刊还专门开辟了"开放获取专栏",宣传和介绍国内外的开放存取运动。许多科学院系统的图书馆在网站上开辟开放存取专栏,除了宣传有关知识,解答公众的疑问外,还定期发布有关开放存取运动的信息。中国科学院半导体研究所图书馆就在其主页上设立了"开放资源中心"栏目。

8.1.5 国内外开放存取运动的发展现状分析

8.1.5.1 资助机构重视 OA 出版

越来越多的资助机构要求被资助者必须将其研究文章在开放式

---

[1] 喻丽.我国开放获取研究现状分析——基于文献统计的角度.图书馆,2008(6).

[2] "211 工程"高校.http://www.hao123.com/ eduhtml /211.html,2009-02-17.

获取仓储内存档。当前,美国国立卫生研究院已经执行强制性开放获取政策,即要求该院的研究人员把他们经过同行评审的文章在出版的同时在 PubMed Central 进行存档;美国哈佛大学首先对艺术、社科方面的研究成果强制进行 OA 出版,其他学科也将在加大项目资助的基础上逐步执行。2004 年 5 月,我国签署了《柏林宣言》,表明了中国科学界和资助机构支持开放获取的原则立场。2008 年,《中国科技期刊引证报告(2005 年版)》收录的 1 608 种中国科技核心期刊中,其中 OA 期刊 2007 年共有 230 种。而在 898 种中国科协科技期刊中,有 140 种(2007 年),占我国开放获取科技期刊总数的 60.87%。表明中国科协的科技期刊已成为推动我国 OA 期刊发展的重要力量[1]。

8.1.5.2 全球化的发展趋势

目前,很多国家纷纷建立了自己的开放存取研究项目,并在数据库的互操作、组织管理、协调指导及未来发展趋势等方面开展研究。另外,OA 期刊开始得到传统的文摘索引服务商(如 CA,SCI)的认可,并成为它们收录的对象。

8.1.5.3 从 Socolar 平台整合、扩充看 OA 资源的发展

中国教育图书进出口公司启动了"OA 资源一站式检索服务平台(Socolar)"项目,对世界上重要的 OA 期刊和 OA 仓储资源进行全面的收集和整理,旨在为用户提供 OA 资源的一站式检索服务和全文链接服务。经过 4 年的整合、开发,该平台几乎涉及各个学科领域的 OA 资源。2007 年 6 月开通初期,平台收录了 6 242 种 OA 期刊,840 个 OA 仓储,文章数量达 13 414 027 篇。至 2008 年 11 月,收录了 OA 期刊数 8 252 种,包含文章 11 311 355 篇;OA 仓储 1 005 个,包含文章 4 530 374 篇。1 年多时间文献就增加了 200 余万篇,说明世界范围内的 OA 资源在快速发展[2]。

---

[1] 张秋慧.国内外 OA 资源的研究进展及发展对策.现代情报,2007(11).
[2] 中国教图公司.http://www.socolar.com.

8.2 我国高校图书馆开放存取运动的发展现状及趋势

8.2.1 我国高校图书馆开放存取运动的发展现状

据喻丽统计[1],从 2003 年到 2007 年 5 年间,我国已有 640 篇关于开放存取资源的文章,5 年的年均发文量是 128 篇,特别是 2006 年至 2007 年出现了快速增长。2005 年 7 月,50 余所大学图书馆馆长提出的《武汉宣言》,明确表示支持《布达佩斯开放存取倡议书》的原则。在《武汉宣言》的行动方针中有:"开放存取是网络环境下学术信息交流的新模式,是信息资源共享的新形式,我们鼓励并积极参与学术信息的开放存取。"《武汉宣言》明确表达了图书馆界建设、开发、研究开放存取这一运动的决心[2]。然而,与热闹的研究氛围和轰轰烈烈的宣言相比,我国高校图书馆利用开放存取资源的现状却不容乐观。

8.2.1.1 数据调查结果

为了更好地了解国内高校图书馆利用开放存取资源的情况,2009 年,笔者利用网络调查的方法对国内"211"高校图书馆对开放存取资源的建设利用情况进行了调查(如"表 9－3"所示)[3]。

表 9－3 我国"211"高校利用开放存取资源一览表(数据截止 2009 年 2 月 17 日)

地区	高校名称	地区	高校名称
北京	清华大学、中国人民大学、北京交通大学、北京工业大学、北京师范大学、北京邮电大学、中国农业大学、华北电力大学、中国地质大学、中央财经大学。	陕西	西安交通大学、西北农林科技大学、第四军医大学、西安电子科技大学、西北大学、西北工业大学、长安大学。
上海	上海外国语大学、同济大学、华东师范大学、华东理工大学。	安徽	中国科技大学、安徽大学。
天津	南开大学、天津大学。	广东	中山大学、华南师范大学。

---

[1] 喻丽.我国开放获取研究现状分析——基于文献统计的角度.图书馆,2008(6).

[2] 张秋慧.国内外 OA 资源的研究进展及发展对策.现代情报,2007(11).

[3] "211 工程"高校.http://www.hao123.com/edu html/211.html,2009-02-17.

续表

地区	高校名称	地区	高校名称
重庆	重庆大学、西南大学	广西	广西大学。
黑龙江	哈尔滨工业大学、东北农业大学。	福建	厦门大学。
吉林	东北师范大学。	浙江	浙江大学。
辽宁	大连理工大学、东北大学、辽宁大学。	甘肃	兰州大学。
江苏	南京大学、江南大学、河海大学、南京农业大学、南京理工大学、南京航空航天大学	海南	海南大学。
湖北	武汉大学、中南财经大学、华中农业大学。	湖南	中南大学。
山东	山东大学、中国海洋大学。		

由上表可知,目前我国共有52所"211"高校图书馆建设有开放存取资源,占"211"高校图书馆总数的46%。从各地区的分布情况来看:北京10所,陕西7所,江苏6所,上海4所,湖北、辽宁各3所,天津、重庆、山东、黑龙江、广东、安徽各2所,甘肃、湖南、吉林、广西、福建、浙江、海南各1所。通过对52所高校图书馆开放存取资源建设的分析,发现主要存在以下问题[1]:

▲ 高校图书馆对开放存取资源开发率低、数量较少

开放存取资源对于图书馆的作用是不言而喻的。然而事实上,全国114所"211"高校图书馆中只有52所图书馆提供有开放存取资源的链接,不到"211"高校总数的一半。各高校图书馆对网络开放资源开发率低,数量较少。有些著名的高校如北京大学、复旦大学等还没有进行开放存取资源的建设。我国高校图书馆开放存取资源的建设现状的确令人尴尬。这说明开放存取资源的建设问题并没有引起我国高校图书馆的普遍重视。

▲ 高校图书馆对开放存取资源名称的设置不统一

有的图书馆将开放存取资源冠名为"免费学术资源",如清华大学图书馆;有的冠名为"免费数据库",如西北大学图书馆;有的冠名

---

[1] 吴漂生,邹佑云.基于开放存取资源利用调查及图书馆应对策略.大学图书情报学刊,2007(10).

为"免费存取资源",如武汉大学图书馆;北京邮电大学图书馆冠名为"免费获取资源"。开放资源名称设置不统一,难免会造成读者的困惑,使读者在检索时发生困难。因此,图书馆界应尽快制定出一个开放存取资源建设的标准。

▲ 高校图书馆对开放资源的组织揭示方式存在差异

各图书馆对开放资源的组织揭示方式缺乏统一的标准,这为读者查找带来极大的不便。如清华大学图书馆将开放资源设置在电子资源栏目下的推荐学术站点里,在推荐学术站点下再链接开放资源。中国农业大学是在网络导航栏目下设置了开放资源的链接。而中国人民大学将开放资源放在了常用资源下的电子资源栏目下,在电子资源栏目下又设置电子期刊栏目,在电子期刊栏目下的其他电子资源栏目下才设置了开放资源的链接。在有的图书馆里,要经过层层设置、层层链接才能找到开放存取资源。这极大地考验了读者的耐心,使读者浪费了大量的时间和精力,造成读者查找不便。但海南大学图书馆在其主页上设置了开放资源专栏,使读者一目了然,大大方便了读者的检索,节省了读者的时间和精力。

▲ 高校图书馆对开放资源链接数量偏少、维护更新较慢,有的不是免费资源

我国高校图书馆对开放资源链接数量偏少,维护更新较慢,有的还存在死链,有的则不是完全免费的资源。清华大学图书馆汇集整合了11种国外免费电子期刊站点,提供了6个开放存取机构库。中国农业大学链接有21个中外免费数据库,24个中外免费期刊。据笔者调查,目前开放资源链接最多的图书馆是西北大学图书馆,西北大学图书馆总共链接有20个中文开放资源网站,66个外文资源网站,并且按学科进行了分类整合。香港科技大学链接了不同类型的各种开放存取资源17 000多种[1]。

---

[1] 香港科技大学图书馆知识库. http://www.repository.use.hk.dspace/,2009-02-17.

▲ 高校图书馆对开放资源整合能力存在差距

各图书馆对开放资源的整合能力存在差距,大部分图书馆没有将开放存取资源与本馆的原有馆藏资源进行整合,更未按照馆藏特色或者学校的学科特色、专业特色将开放存取资源进行整合。许多图书馆仅链接 Socolar(开放获取资源一站式检索服务平台),如同济大学、北京交通大学、西南大学等。并没有对不同学科、不同类型的信息资源进行整合。对开放资源进行整合的成功案例当推香港科技大学图书馆。香港科技大学图书馆利用 Dspace 软件开发了一个数字化学术成果存储与交流知识库,该库整合了教学、科研人员和博士生提交的论文(包括已发表和待发表的)、会议论文、预印本、研究报告、工作论文等。该库检索非常便利,浏览方式可以按系、机构、题名、作者、提交时间等进行;检索途径多样,可以按任意字段、作者、题名、关键词等进行。

▲ 高校图书馆对开放资源宣传力度不够、造成读者对开放资源的陌生

目前,开放存取运动在世界各国蓬勃发展,开放存取资源越来越丰富。有数据表明,每年约有 15% 的学术成果可以在互联网上开放存取。开放资源已经成为当代图书馆数字化资源不可或缺的有效补充。然而,我国高校图书馆对开放存取资源的宣传力度却很低。据国内学者调查,在高校中至少有 70.08% 的读者没有听说过"开放存取资源"的概念,92.18% 的读者没有利用过开放存取资源。而大多数科研人员也对我国自创的开放存取资源项目了解甚少。图书馆对开放存取资源的宣传力度低使得高校图书馆读者对开放存取资源的利用率也低,这也是造成目前我国高校开放存取资源建设不利的主要因素之一[1]。

为了客观地了解我国高校图书馆开放存取资源利用的现状,笔者访问了 2008 年中国高等学校排行榜前 30 名的高校图书馆网站。

---

[1] 吴漂生,邹佑云.基于开放存取资源利用调查及图书馆应对策略.大学图书情报学刊,2007(10).

通过访问30家高校图书馆的网站,可以看出OA资源已经成为图书馆不可忽略的一部分资源了。在访问的30家图书馆中有17所链接有国内外开放存取资源。其中北京大学图书馆、吉林大学图书馆、中山大学图书馆已把开放存取纳入到用户培训内容中,对推广和宣传OA资源起了很好的带头作用。另外,清华大学图书馆、浙江大学图书馆、西安交通大学图书馆等,都已做到了对开放存取资源与馆藏文献资源的简单整合。

8.2.2 我国高校图书馆开放存取运动的发展趋势

开放存取运动在我国起步比较晚,但发展得比较快。特别是高校图书馆由于面临期刊价格危机,使得高校图书馆界成为开放存取运动的积极参与者,开放存取运动呈现快速发展趋势。

8.2.2.1 对高校图书馆利用开放存取资源的调查

2005年2月2日,王静等[1]用"Site:edu.cn 图书馆"作为检索入口词在Google上搜索,得到符合要求的检索结果538 000条,即用Google可查到中国教育网上包含"图书馆"3个字的网页有538 000条(见"表9—4"[2])。

表9—4 高校图书馆利用OA资源情况检索

查找日期	检索途径	第一次检索词	检索结果数量(条)	第二次检索途径	第二次检索词	第二次检索结果(条)	高校图书馆
2005年2月2日	google	Site:edu.cn 图书馆	538000	第一次搜索结果内	Open access	322	7
2007年10月9日	google	Site:edu.cn 图书馆	7620000	第一次搜索结果内	Open access	3520	96

然后再选"在此搜索结果内再搜索",用"Open access"作为检索入口词,再搜索,得到322条符合要求的检索结果。对322条检索结

---

[1] 王静,阎雅娜,权金华.国外开放存取发展现状浅析.情报探索.2006(4).
[2] 杨丽华.开放存取运动在高校图书馆的发展趋势研究.农业图书情报学刊,2008(8).

果逐一验证,经过去重、排除与本主题无关结果后,得出结果如下:只有7所图书馆有介绍Open acecss资源的活动。然后又分别以"开放存取"、"开放获取"作为检索入口词在538 000条搜索结果内再搜索,仍然没有发现有其他图书馆介绍OA资源。这7所高校图书馆是:①上海交通大学图书馆。该馆在其电子数据库中,介绍了DOAJ和BioMed Cnetarl及链接。②清华大学图书馆。该馆推荐的网上免费学术资源包括DOAJ、BioMde Cnetarl、PloS的免费刊等。还有韶关学院图书馆、石河子大学图书馆、华东师范大学图书馆、海南医学院图书馆、合肥学院图书馆。这些图书馆都有OA资源的介绍活动[1]。

笔者在2007年10月9日用同样的方法检索,得出结果:有96家图书馆开展了介绍Open acecss资源和链接了免费资源数据库的服务。如浙江大学图书馆、首都师范大学图书馆、重庆师范大学图书馆、北京大学图书馆、天津大学图书馆、上海师范大学图书馆、宁波大学图书馆等。

8.2.2.2 开放存取运动在高校图书馆的发展趋势

▲ OA资源在高校图书馆的利用呈现快速发展的趋势

从上表可知,开放存取运动在我国高校图书馆的发展是迅速的,高校图书馆是OA运动的支持者和参与者。2005年只有7家高校图书馆介绍了DOAJ和OA期刊的链接,而2007年就有96所高校图书馆介绍了OA资源,并开通了Open Access免费期刊检索系统。笔者调查发现,目前国内图书馆对OA期刊提供的检索途径有限,例如,不能提供作者单位和作者的匹配检索,主要是提供OA期刊的链接。

▲ 高校图书馆利用OA资源的广度和深度在不断地加深

在这96所高校图书馆中,都超链接了由中国教育图书进出口公司开发的"Socolar:Open Access资源一站式检索服务平台"(可简称OA平台)。高校图书馆除了链接了国内的几个开放资源网,如中国科技论文在线、中国学术会议在线、开放阅读期刊联盟、香港科技大

---

[1] 唐泽霜.浅析OA(开放存取)环境下的图书馆.高校图书馆工作,2007(3).

学科研成果全文仓储、中国预印本服务系统、奇迹文库外,还链接了国外的 Open Access 资源。有些高校图书馆如上海师范大学图书馆、北京大学图书馆、清华大学图书馆等重点大学在本馆的网络主页上,开辟"开放存取"指南,或创建主题/学科,设置开放存取文档库,提供给读者使用。同时,还举办开放存取培训活动,编发宣传资料,召开研讨会、举办专家讲座等,让读者接受开放存取的理念[1]。

▲ 开放存取丰富了高校图书馆具有本馆特色的可检索资源

开放存取对于高校图书馆来说,既可以丰富自己的馆藏资源,又可以改进自身的服务手段。一些重点高校图书馆将学校教授的期刊文章、研究论文、教学、专题论著、研究成果存入数据库,对分开的资源进行整合,通过高校图书馆统一平台进行检索。在这一方面,清华大学图书馆的《中国知识资源总库》的"清华同方电子资源统一检索平台"和南京大学图书馆的"一站式检索"系统走出了成功的一步。

8.2.3 国内名校图书馆开发、利用开放存取资源的现状调查

2010 年,笔者缩小调查范围,对高校图书馆开放存取资源的利用情况再次进行调查。本次调查的 10 所大学图书馆分别为:北京大学图书馆、清华大学图书馆、南开大学图书馆、吉林大学图书馆、浙江大学图书馆、上海交通大学图书馆、华中科技大学图书馆、武汉大学图书馆、中山大学图书馆、西安交通大学图书馆。

北京大学图书馆在网站主页的"一小时讲座"栏目下有"网络培训",其培训内容之一为"电子资源检索与利用",共包括 17 个专题,专题十三为"电子期刊(西文)——过刊和免费电子期刊"。在这个专题里详细介绍了斯坦福大学 High Wire Press。另外,北京大学图书馆还举办了免费获取人文社科类外文文献的 CASHL 文献传递活动。

清华大学图书馆在其网站主页的"电子资源"栏目下有"推荐学术站点",推荐了一些实用的网上免费学术资源及几个生命科学免费

---

[1] 何燕,宁劲.开放存取影响下的图书馆.大学图书情报学刊,2007(6).

学术站点。包括Socolar Open Access资源统一检索系统、High Wire Press、BioMed Central、PLoS免费刊、SINDAP全球科技预印本检索、211工程镜像资源、中国科技论文在线、中国预印本服务系统等。国内外具有代表性的学术信息开放存取资源尽在其中。用户点击就可以进入相应的站点。

另外,网站主页"电子资源"栏目下有"西文电子期刊"菜单。西文电子期刊导航系统分别收集了清华正式授权使用的西文及部分开放获取的电子期刊,其中开放获取期刊达到5 400多种。系统将开放获取期刊与西文电子期刊整合在一起,提供三种查询途径:按期刊字母顺序选择期刊浏览;按学科分类名称浏览期刊;通过期刊名称、刊名关键词、ISSN及学科主题等途径检索期刊。

南开大学图书馆在其主页的"相关链接"栏目中有"科技论文在线"的链接。

吉林大学图书馆在网站主页的"查找资料"栏目下,分别设立了"网络数据库"和"期刊/电子期刊"菜单。"网络数据库"菜单下提供了按字母顺序、文献类型、学科分类、常用外文数据库四种浏览途径。其中开放存取期刊HighWire Press、日本NII论文信息数据库、日本大学图书馆学术信息门户、日本电子科学与技术信息集成(J-STAGE)也列在网络数据库中,并在数据库的不同分类下面能找到,且有详细说明。"期刊/电子期刊"菜单下包括了"查找馆外期刊"的内容。

网站主页的"推荐"栏目的下拉菜单中有"中国科技论文在线"、"中国学术会议在线"的链接。"服务指南"栏目下有"教学与培训"菜单。"High Wire Press使用指南"也罗列在其中,但限校园网用户使用。

大连理工大学图书馆:其首页的"数字资源"栏目下有"数据库/电子资源",包括Open Access(开放学术资源库)。该图书馆还自主研发检索平台,对互联网上的开放学术资源进行整合。

东北大学图书馆:免费开放美国芝加哥大学出版社UCP的9种

STM期刊资源,并在其首页的网络导航下链接有中国科技论文在线。

浙江大学图书馆在网站主页"网络导航"栏目下首先列出了"免费资源"。免费资源按综合性资源、专利文献、各种统计数据、各种专业性资料、免费电子图书、科技报告和成果、免费期刊和论文、电子报纸等进行了分类,并提供了链接网址及说明。

在"资源检索"栏目下有"电子资源"和"西文期刊导航"菜单。在"电子资源"菜单下面将电子资源进行了分类,单独列出了"免费资源",共计14个,这14个免费资源都有超链接。"电子资源"菜单中还提供按关键词、字母顺序、学科等的浏览和检索功能,实现了开放存取资源与购买的中外文资源的初步整合。在"西文期刊导航"菜单中可以按刊名或按ISSN检索,或按字顺、学科浏览到浙江大学图书馆列出的免费资源,包括开放存取期刊。

2007年9月,浙江大学图书馆创建的SSOA(Social Science Open Access,网址为:http://www.libweb.zju.edu.cn/JavaLab/)平台开通。平台将开放访问期刊和开放访问自归档典藏集成在一起,收集了近千种人文社科类开放访问期刊及数十个人文社科的知识库信息。按字母顺序或分类显示OA期刊信息,包括名称、起始时间、ISSN、网址、分类、出版商、语种及简介等,也可按字母顺序或分类显示知识库信息。著录项目包括名称、组织机构、分类、网址、简介等。

上海交通大学图书馆在网站主页"网络导航"栏目下有"免费全文网站"菜单。该菜单下有"国外学术类免费全文网站"。如开放存取资源National Academy Press(美国国家科学院、国家工程院、医学协会等机构报告)等。

南京大学图书馆:其主页的网络导航栏目下就有开放存取期刊(OA)。这是笔者调查的30所图书馆中唯一在主页的最醒目位置上列出"开放存取期刊"栏目的图书馆。

华中科技大学图书馆在网站主页"相关链接"栏目下有"中国科技论文在线"的链接。

武汉大学图书馆在网站主页的"数据库资源"栏目下有"推荐资

源",其中有 The National Academies Press(NAP)免费电子图书、中国学术会议在线、中国科技论文在线、DOAJ(Directory of Open Access Journals)等开放存取资源的链接与说明。在网站主页的"学科导航"栏目下有武汉大学重点学科导航。在"植物发育生物学"、"发展经济学与国际经济发展"等学科导航中有电子资源的内容,在电子资源中有"网上其他资源"栏目,其中有一些该学科开放存取资源的链接。在网站主页"相关链接"栏目下有"中国科技论文在线"的链接。

中山大学图书馆在网站主页"网海导航"栏目下有"其他精彩网站"的内容,提供了"中国科技论文在线"的链接。在"读者培训"栏目下有专题讲座、研究生入学培训等,从"一小时系列讲座"课程表及"一小时系列讲座"课程表中可以看到有"生命科学电子资源"讲座,这个讲座的内容是介绍 BP、Medline 及网上免费生物医学全文电子资源(Open Access Journals)。

西安交通大学图书馆在其网站主页"查找资料"栏目下有"网络数据库导航"菜单。该菜单下有"开放获取资源"栏目。该栏目提供了以下内容:开放获取资源栏目说明(提供开放获取资源概念的解释、开放获取期刊的特点说明、查找 OA 资源的特别说明)、开放获取期刊检索平台。不仅网站上有"开放获取资源"这个独立类目及开放获取期刊检索平台,而且在网站主页"查找资料"栏目下的"网络数据库导航"菜单中,将开放获取资源与外文数据库整合在一起。另外,网站主页"相关链接"栏目下,提供了"中国科技论文在线"的链接。

8.2.4 国内名校图书馆开发、利用开放存取资源的主要内容

通过访问以上 13 所高校图书馆网站,可以看出,目前国内高校图书馆已经开始积极参与并充分开发利用开放存取资源。主要表现在:

在调查的 13 所高校图书馆中有 7 所图书馆都在其网站主页提供"中国科技论文在线"的链接,起到了对国内开放存取资源很好的宣传和利用作用。

在图书馆网站上设有"开放获取资源"或"免费资源"或"推荐资

源"等类似的栏目,将开放存取资源作为其中一部分作详细的推介。提供开放存取资源的目录或相关链接,用户通过点击链接来浏览相关的资源。

实现开放存取资源与馆藏资源的初步整合。即图书馆把收集到的开放资源与本馆已有的资源进行整合,通过简单的导航系统或统一的检索平台,采用不同的检索、浏览途径,可以检索、浏览到多种类型、多种载体的开放存取资源,而不需要到不同的数据库或者不同的系统中查询,这样可以更好地揭示开放存取资源,提高开放存取资源的利用率。在调查的图书馆中,3所图书馆实现了开放存取资源与馆藏资源的初步整合,它们是清华大学图书馆开放存取期刊与清华正式授权使用的西文期刊的整合、浙江大学图书馆开放存取资源与图书馆电子资源的整合、西安交通大学图书馆开放存取资源与外文数据库的整合。

以专题库方式揭示开放存取资源。即图书馆对本机构或网络上某专题的开放存取资源通过各种途径进行搜集,将这些物理上分散的资源进行合理整理和组织,形成特色的学科资源库,并予以揭示。图书馆也可将已有的各学科领域的学科资源和开放存取资源进行全方位的综合、整理和揭示,以便于用户通过这些网站和平台直接访问开放存取资源。

对开放存取资源的宣传、培训。通过调查可以看到,北京大学图书馆、吉林大学图书馆、中山大学图书馆在讲座培训中涉及一些开放存取资源的使用;西安交通大学图书馆网站对开放存取资源的特点做了介绍;浙江大学图书馆SSOA平台上提供有与开放存取相关的研究性论文,并在"相关研究"栏目下有OA综述、OA模式与机制、OA版权、国外机构观点、OA与图书馆等方面的研究性论文[1]。

---

[1] 查丽华.开放存取－开启学信息交流的快捷之门.国家图书馆学刊,2007(1).

参考文献

[1] ArXiv 预印本文献库. [2009-6-9]. http://www.arxiv.org/.

[2] Alex Byrne. Promoting the Global Information Commons: A Statement by IFLA to WISIS Tunis Prep Con2. http://www.ifla.org/III/wsis/24Feb 05.html(访问时间:2009/01/12).

[3] Association of Research Libraries Office of Scholady Communication. Framing the issue:open access. http://www.arl.org/bmdoe/framing, issue may04. Pdf.

[4] Bethesda Statement on Open Access Publishing [2006-06-20][EB/OL]. http://www.earlham.edu/peters/fos/ bethesda.html.

[5] BartonM R, WatersMM. Creating an institutional repo sitory:LEADIRS workbook. [2008-06-08]. http://www.dspace.org/implement/ leadirs. Pdf.

[6] Creative Commons[EB/OL][2007-09-19]. http://www.creative commons.org/.

[7] CheslerA. Open access:a review of an emerging phenomenon. Serials Review,2004,30(4):292-297.

[8] DOAJ. http://www.doaj.org/[2009-02-23]

[9] D-Lib Magazine. [2008-02-30]. http://www.dlib.org/.

[10] Definition of Open Access Publication[2008-01-05]. http://www.earlham.edu/peters/fos/bethe sda. Html. definiti on Berlin Declaration on open access to knowledge in the sciences and humanities.

[11] David Malakof. f Scientific Publishing:opening the books on open

access. Science,2003,302(24):550—554.

[12] Gruss P. Berlin Declaration on Open Access to Knowledge in the Sciences and Humanities[EB/OL]. http://www.zim.mpg.de/open access berlin/ berlin declaration. pdf.

[13] http://www.biomedcentra.1 com /home/

[14] http://www.sciencedirect.com/[EB].[2010—12—15].

[15] http://www.parliament.uk/parliamentary-committees/science-and-technology-committee/scitechl 11203a. cfm.

[16] http://www.pspcentral.org/publications/grassroots-email.Doc.

[17] http://www.arl.org/sparc/home/index.asp.

[18] Henk F. Moed. The effect of "Open Access" upon citation impact: An analysis of ArXiv's Condensed Matter Section. http://www.arxiv.org/ ftp/ cs/ papers/ 0611/0611060.pdf[2007—2—20].

[19] Institutional repositories:innovation in scholarly pub lishing. [2008—01—05]. http://www.Carl-abrc.ca/projects/institutional/ repositories/ about e. html.

[20] Jan Veherop. Open Access Publishing and Scholarly Societies: A Guide[R]. New York:Open Society Institute,2005.7:4. http://www.soros.org/open access/pdf/open-access publishing-arid-scholarly-societies.pdf.

[21] Jouranls Policies-Summary Statistics so far. http://www.remeo.eprints.org/stats.php.

[22] Kyrillidou M,Young M. ARL statistics 2005—2006[EB]. http://www.arl.org/stats/pubpdf/arlstat 03.pdf,2007—06—03.

[23] Lieberman J,CarperTR. CochranT,et al.. The. American Center for Cures Act of 2005 [EB]. http://www.public know ledge. org/bill/109—s2104,2008—01—16.

[24] Lowie. 有关 Open Access 的内涵和相关界定 EB/OL. 2004—12—21. Availabl at:http://www.xia ban blog china.com/blog/refer.493668.html.

[25] Martin Frank. Comments to NIH Director Dr. Zerhouni by DC

principles Signatories[EB/OL]. http://www. library. yale. edu/llieense/List Archives/0411ms S00006. html.

[26] Open access journals in the ISI citation databases:Analysis of impact factors and citation. [2008—06—12]. http://www. scientific. Thomson reuters. com/media/presentrep/essayspdf/openaccesscitations2. pdf.

[27] Open Archives Initiative-Protocol for Metadata Harvesting v2. 0. http://www. Open archi ves. org/OAI/open archives protocol html.

[28] Public Access for Research Materials—Fact Sheet[EB/OL]. [2007—10—10]. http://www. dclab. com /public_access. asp.

[29] PubMed Central. http://www. pub med central. nih. gov/index. html[2009—2—23]

[30] PubMed Central Journals-FullList [EB]. http://www. pubmedcentral. nih. gov/fprender. fcgi? cmd = full-view,2008—03—17.

[31] Research library [EB/ OL]. http:// www. wiki. cn/ wiki/ Research library.

[32] Removing the Barriers toResearch:An Introduction to Open Access for Librarians[2006—6—11]http://www earlham edu/peters/

[33] SPARC Europe[oL]. http://www. spareeurope. org.

[34] Socol @ r[DB/OL]. [2008 — 01 — 31]. http://www. socolar. com/.

[35] Suber P. Welcome to the SPARC Open Access Newsletter,issue ♯115 [EB/OL]. http://www. earlham. edu/peters/ fos/ news letter/11—02—07. html.

[36] Swan A, Brown S. Open access self-archiving:an author study (May 2005)[EB]. http://eprints. ecs. soton. ac. uk/ 10999/1/jisc2. pdf.

[37] Statistics for the 241 publishers on this list http://www. sherpa. ac. uk/romeo. php? stats=yes[2009—2—25].

[38] Science AdvisOry Board(2004). Scientists Frustrated with Limited Access to Full Text Documents[EB/OL]. http://www. scienceboard. net/community/news/news. 214. html.

[39] Towards an integrated knowledge ecosystem: a Canadian research strategy. [2008-01-05]. http://www.carl—abre.ea/projects/kdstudy/public htmlf chapter3.html.

[40] Van Orsdel L, Born K. Periodicals price survey: 2004: closing in on open access. Libr J. 2004,129(7):45-50.

[41] Welcome to information for authors[EB]. http://www.biomedcentral.com/info/authors/. [2008-09-10].

[42] William J, BruceH, FoxleyA, eta.l Planning personal projects and organizing personal information. [2008-06-08]. http://eprint srclis.org/archive/ 00008010 /.

[43] Wellcome Trust. Open and unrestricted access to the out put sof published research [EB/OL]. [2008-09-27]. http://www.wellcome.ac.uk/ node 3302. html.

[44] 11届人大1次会议温家宝作政府工作报告[EB/OL].[2008-12-04]. http://www.news.sina.com.cn/c/2008-03-05/120815081359.shtml.

[45] 陈振英,何小军,陈益君.开放存取在中国的困境及对策分析.大学图书馆学报,2008(2):35-40.

[46] 陈代春,曾湘琼.学术信息开放存取及其对高校图书馆的影响,图书馆学研究,2006(6).

[47] 陈传夫.开放内容的类型及其知识产权管理.中国图书馆学报,2004(1):9-13.

[48] 陈传夫.信息资源公共获取的社会价值与国际研究动向.中国图书馆学报,2006(4):5-9.

[49] 曾湘琼.学术信息开放存取模式运行机制与前景探析.情报科学,2006(2):218-221.

[50] 成博.开放存取运动中高校图书馆.[2008-06-9]. http://prep.istic.ac.cn/docs/1142860664428.html.

[51] 常廷文.试论我国学术期刊的集约式网络出版.出版科学,2005(1):47-50.

[52] 崔海峰,洪跃.图书馆在开放存取中的对策.图书馆学刊,2006(4).

[53] 杜海洲,宋金燕,崔淑艳.国际科技期刊价格分析及2007年的变化趋势.中国科技期刊研究,2007(1):183—187.

[54] 方翠,李荣素.开放存取期刊版权问题分析.图书馆建设,2006(5):60—62.

[55] 冯艳花.基于OAI的电子预印本资源共享.情报评论与实践.2005(4):425—427.

[56] 傅蓉.开放存取的版权问题.图书馆理论与实践,2006(5):40—42.

[57] 樊华.开放存取资源的质量分析.高校图书馆工作,2007(1):18—20.

[58] 高淑琴.图书馆学情报学开放获取资源类型划分及其现状.情报科学,2007(2):315—320.

[59] 何琳.开放存取在我国的发展问题探讨.现代情报,2007(8):63—65.

[60] 郝勇.影响我国实行"开放存取"模式的因素分析.现代情报,2006(12):2—4.

[61] 黄颖,刘万国.ISI数据库收录的开放存取期刊现状分析.图书馆学研究,2009(3):37—40.

[62] 黄如花,肖艳琴. IFLA对信息资源开放存取的贡献及对我们的启示//2006信息技术与教育国际研讨(ITIE2006)会议论文集,2006:59—69.

[63] 胡德华,尹加帮,陶雯.发展中国家的开放存取期刊研究.情报杂志,2007(2):140—142.

[64] 姜联合.创办OA期刊,实现《植物生态学报》的跨越发展.中国科技期刊研究,2006(1):90—94.

[65] 靳东旺.开放存取环境下高校图书馆期刊资源建设的思考.2008(8):50—51.

[66] 贾冬梅.开放存取资源的获取策略.情报探索,2008(4).

[67] 孔繁军,游苏宁.关于开放存取出版模式的问卷调查.中国科技期刊研究,2005(5).

[68] 刘华.国外机构知识库的长期保存研究及其启示.情报资料工作,2007(3):49—52.

[69] 刘海霞,孙振球,胡德华,刘双阳.开放存取期刊的经济学分析.情报理论与实践,2007(1):48—51.

[70] 刘海霞,李后卿等.国内外开放存取研究.情报资料工作,2006(1).

[71] 刘辉.开放获取期刊数据库的评价.大学图书馆学报,2007(1):59—63.

[72] 刘金铭.开放式访问期刊的创建及其对传统期刊的影响.中国科技期刊研究.2005(3):279—284.

[73] 李武,刘兹恒.一种全新的学术出版模式:开放存取出版模式探析.中国图书馆学报,2004(6):66—69.

[74] 李武.开放存取出版的两种主要实现途径.大学图书馆学报,2005(4):58—63.

[75] 李武.开放存取期刊.出版经济,2005(1):55—57.

[76] 李麟.2005年全球开放存取事业回顾.数字图书馆论坛,2006(7):50.

[77] 李广建.IR:现状、体系结构与发展趋势.情报学报,2006(2):236—241.

[78] 李爱国,陆美.学术图书馆机构知识库的创建.图书情报工作,2006(6):119—121,140

[79] 李国新.中国图书馆法治若干问题研究(博士学位 论文).北京:北京大学,2005,5.

[80] 臭京.关于 Open Access 译名的建议.科学术语研究,2005(2):52—53.

[81] 马景娣.学术文献开放访问和图书馆的应对策略.中国图书馆学报,2005(4):38—41.

[82] 马漫江.机构知识库:学术交流与资源共享新模式.高校图

书馆工作,2007(1):10-13.

[83] 马玉华.网络环境下加强高校图书馆读者信息服务.科技创新导报,2007,32:253.

[84] 年心博客.图书馆情报学开放文库试用[EB/OL].[2008-02-26]. http://hjn66.bokee.com/5745741.html.

[85] 清华大学图书馆. http://www.lib.tsinghua.edu.cn/.

[86] 秦珂.试论开放存取资源的版权保护.大学图书馆学报,2006(5):59-62.

[87] 乔冬梅.电子预印本档案——一种重要的网络信息资源.图书情报工作,2003(8):53-57.

[88] 邱燕燕.学术资源开放存取的障碍和对策探析.情报杂志,2006(7):45-48.

[89] 任树怀,孙桂春.信息共享空间在美国大学图书馆的发展与启示.大学图书馆学报,2006(3).

[90] 任胜利.开放获取(Open Access):现状与展望.中国科技期刊研究,2005(2):151-154.

[91] 盛慧,余克萍.我国开放存取的发展现状及应对策略.情报探索,2008(6):6-8.

[92] 孙卫.开放存取资源发现与获取的相关技术.国家图书馆学刊,2007(2):39-42.

[93] 孙红娣.开放存取——网络时代学术信息交流的新模式.情报资料工作,2005(5):46-49.

[94] 司莉.知识组织系统的互操作及其实现.现代图书情报技术.2007(3).

[95] 唐承秀.数字图书馆环境下的学术信息交流模式探析.图书馆工作与研究,2005(5):24-28.

[96] 吴建忠.图书馆 Vs 机构库——图书馆发展战略的再思考.中国图书馆学报,2004(5):5-8.

[97] 吴漂生,邹佑云.开放存取资源利用调查及图书馆应对策略.大学图书情报学刊,2007(10).

[98] 王静,阎雅娜,权金华.国外开放存取发展现状浅析.情报探索,2006(4).

[99] 王应宽.中国科技学术期刊的开放存取出版研究(博士学位论文).北京:北京大学信息管理系,2006,12:240.

[100] 王静芬.试析 Open Access 对大学图书馆的影响.图书馆论坛,2006(3):84—86.

2[101] 王学勤.机构知识库建设相关政策研究.中国图书馆学报,2007(3):44—47.

[102] 万人状告'中国知网'非法占有作者著作权牟取暴利签名活动.[2008—12—01].http://www.tieba.baidu.com/fkz=506853916.

[103] 徐丽芳,肖希明.开放存取及其研究进展.武汉大学出版社,2007:743.

[104] 肖冬梅.开放存取运动缘何蓬勃兴起.图书情报工作,2006(5):128—131.

[105] 夏翠军.开放存取出版产生根源.中国科技期刊研究,2006(4):546—548.

[106] 叶兰.开放资源项目选介.数字图书馆论坛,2006(4):60—62.

[107] 杨帆,詹德优.开放存取及其实现方式分析.图书馆论坛,2006(1):186—189,171.

[108] 袁顺波,董文鸳,李宾.西方机构库研究的现状及启示.图书馆杂志,2006(8):4—8.

[109] 游春山.信息资源开放存取和图书馆工作.图书馆工作与研究,2006(4):33—35.

[110] 丁爱群.印度开放存取现状分析.图书馆学研究,2006(12):59—62.

[111] 中国预印本服务系统.[2008—06—09].http://www.paper.edu.cn/.

[112] 中国大学图书馆长论坛图书馆合作与资源共享武汉宣言.

大学图书馆学报,2005(6):2—4.

[113] 浙江大学图书馆 SSOA 期刊〔DB/OL〕.〔2008－01－18〕. http://www.lib web. zju. edu. cn/JavaLab/guestbook/oaj.jsp.

[114] 朱宁.基于 OA 模式的前提条件和实现方式.情报理论与实践,2006(6):750—754.

[115] 朱天慧.电子预印本的现在和未来.现代图书情报技术(增刊),2000:67—68

[116] 郑晓雯.开放存取对图书馆资源建设的影响.江西图书馆学刊,2007(1):22—23.

[117] 张晓林.科技信息的开放获取:一.图书情报工作,2005(12).

[118] 张秋.MITocw:开放与共享的典范.图书馆杂志,2005(9):59—60,54.

[119] 张清菊.学术资源开放存取概述.当代图书馆,2007(2):68—71.

[120] 张淼.OA 环境下学术图书馆发展研究.河北大学硕士学位论文,2006.

[121] 藏国全.网络电子期刊出版模式研究.中国图书馆学报,2003(1).

[122] 王宁.Web 信息检索技术改进的途径与方法.情报资料工作,2004(3).

[123] 王宁."云计算"环境下图书馆信息资源共建共享.图书馆学刊,2012(3).

后　记

一

　　本书能够出版,感谢院领导对我的关心、鼓励和提携;感谢刘贵勤研究馆员给予我的帮助和支持,她的治学态度和研究方法对我产生了深刻影响,对本书的写作建议更使我受益匪浅;感谢馆领导及同事们为我提供的良好的学术环境和发展空间。

　　另外,我更要感谢吴昌合老师给予我的鼓励和支持,使我对"传道、授业、解惑"的师者精神有了更深的理解;感谢淮南师范大学图书馆的副研究馆员余侠同志的协助,在我们的共同努力下,使得本书成为教育部人文社会科学研究项目"国际比较视野下的高校图书馆社会服务动力机制研究"的重要研究成果之一。

　　我要特别感谢安徽大学出版社的徐建老师,徐老师认真的工作作风、严谨的治学态度、真诚友善的为人处事给我留下了深刻的印象。

二

　　通过全面系统的研究,我期望本书能实现以下三个目标:

　　(1)系统研究开放存取相关理论和技术问题,结合实际,提出具有前瞻性的建议。

　　(2)我们学院的图书馆规模小,经费有限,无论是纸质资源还是电子资源都很匮乏。我希望能在这本书的引导下,尽快和其他高等院校一起(尤其是合肥市的高等院校,如安徽大学、中国科学技术大学、合肥工业大学、安徽农业大学、合肥学院、安徽建筑工业学院等），共建安徽省开放存取网络资源共享平台，从而也为我院图书馆信息资源建设开辟新的发展空间。

(3)希望高校图书馆的工作人员能在本书的理论启发下，从事开放存取的新实践，实现未来图书馆在开放存取运动中的新突破。我们将共同期待着开放存取运动在高校图书馆的新发展。